자기주도 1등 아이는
부모교육으로 완성된다

자기주도 1등 아이는 부모교육으로 완성된다

자녀의 인생을 성공으로 이끄는 성장 로드맵

초 판 1쇄 2025년 05월 08일

지은이 김명이
펴낸이 류종렬

펴낸곳 미다스북스
본부장 임종익
편집장 이다경, 김가영
디자인 임인영, 윤가희
책임진행 김요섭, 이예나, 안채원, 김은진, 장민주

등록 2001년 3월 21일 제2001-000040호
주소 서울시 마포구 양화로 133 서교타워 711호
전화 02) 322-7802~3
팩스 02) 6007-1845
블로그 http://blog.naver.com/midasbooks
전자주소 midasbooks@hanmail.net
페이스북 https://www.facebook.com/midasbooks425
인스타그램 https://www.instagram.com/midasbooks

© 김명이, 미다스북스 2025, *Printed in Korea*.

ISBN 979-11-7355-226-7 03370

값 19,500원

미다스북스는 다음세대에게 필요한 지혜와 교양을 생각합니다.

자기주도
1등 아이는
부모교육으로
완성된다

★★★
34년 경력
중·고등학교 교사
노하우 공개

자녀의 인생을
성공으로 이끄는
성장 로드맵

김명이 지음

미다스북스

"부모의 믿음으로 크는 아이는

스스로 성장합니다.

이 책은 자기 주도적 아이로 만드는 데

도움 드리게 될 것을 믿습니다. "

서문

행복한 부모 되는 법! ………………………………………………………… 11

몸풀기

부모도 준비가 필요해요

① 아이 교육을 위한 생각 바로 세우기 ………………………… 17

② 좋은 부모가 되기 위한 열 가지 양육철학 ………………… 20

③ 아이를 만나기 위한 설레는 준비 ………………………… 24

성장 하나

이제는 실전,
부모가 아이의 전부예요

① 습관의 힘이 아이의 인생을 만들어요 ……………………… 31

② 성향을 알면 양육도 편해요 ………………………………… 36

③ 도덕성 교육은 초등 시기까지 …………………………… 41

④ 되는 것과 안 되는 것은 확실하게 ……………………… 45

⑤ 작은 성취 경험들이 아이의 성장을 도와요 …………… 49

⑥ 아빠! 다음은 어떻게 돼요? 상상력 창의력 자극 …………… 54

⑦ 식사를 방해해 죄송합니다 공공질서 …………………… 56

⑧ 엄마가 좋아? 이모가 좋아? 진정한 사랑의 힘 ………… 60

⑨ 거짓말! 관심의 중요성 …………………………………… 63

⑩ 용감한 사람! 인정과 반성 ……………………………… 69

⑪ 아빠와 아들 사회성과 성취 욕구 발달 ………………… 72

⑫ 시작한 것은 끝까지! ……………………………………… 75

⑬ 체력은 곧 정신력이에요 …………………………………… 79

성장 둘

부모교육으로
'배움'이 성장해요

① 가족을 위해 무엇을 할 수 있을까? ·········· 85
② 두 아들의 첫 학교생활 〔자기주도 생활〕 ·········· 89
③ 저희는 남다른 형제예요 〔평생 친구 만들기〕 ·········· 93
④ 형제의 다른 대처법! 〔자기 파악 능력〕 ·········· 96
⑤ 달라도 너무 다른 형제 〔성향에 맞는 교육법〕 ·········· 100
⑥ 일상생활에서 수 개념을 배워요 ·········· 104
⑦ 사고력을 높이는 바둑을 두어요 ·········· 106
⑧ 제대로 노는 놀이가 학습으로 연결돼요 ·········· 109
⑨ 펀드가 뭐예요? 〔경제 교육〕 ·········· 114
⑩ 생활의 활력을 높이는 피아노를 배워요 ·········· 117
⑪ 정신과 육체가 자라는 태권도를 단련해요 ·········· 121
⑫ 자전거 타기에 도전해요 〔성취감〕 ·········· 125

성장 셋

가족 활동으로
'자신감'이 성장해요

① TV를 없애면 가능한 일이 많아요 ·········· 133
② 독서로 마음의 양식을 채워요 ·········· 136
③ 스포츠 활동은 성장 활력소예요 ·········· 141
④ 창원에서 진주까지 걸어가요 ·········· 146
⑤ 이번 주말은 어디로 갈까요? ·········· 150
⑥ 출렁다리 경험은 아찔해요 〔월출산〕 ·········· 156
⑦ 가족이 길을 잃었어요 〔와룡산〕 ·········· 159
⑧ 환상의 풍경에서 내면을 만나요 〔소백산〕 ·········· 161
⑨ 쏟아지는 별을 보아요 〔지리산〕 ·········· 163
⑩ 신나게 눈썰매를 타요 〔한라산〕 ·········· 169
⑪ 3대가 함께하며 성장해요 〔설악산〕 ·········· 174

성장 넷

세상을 알아가며
'자기주도'로 성장해요

① 나도 상 받고 싶어요 (의욕) ···································· 181

② 내가 들어주면 친구들도 들어줘요 (소통 1) ············ 184

③ 너 이길 자신 있니? (진정한 승리) ·························· 187

④ 엄마! 이렇게 살고 싶어요 (진로 선택) ···················· 192

⑤ 엄마! 너무 억울해요 (인간관계) ···························· 197

⑥ 전교 1등 하면 뭐 해주실 거예요? (내적 동기) ·········· 202

⑦ 좋은 친구! 좋은 대학! (선택) ······························ 206

⑧ 학교생활에 날개를 달아요 (리더십) ······················ 209

⑨ 키 크고 싶어요 (목표를 향한 의지) ························ 213

⑩ 다 쓸 데 있어요 (부모는 아이의 거울) ···················· 215

⑪ 더 넓은 세상으로! (도전과 성장) ·························· 218

⑫ 나도 내 스타일 찾을래요 (자기 탐색) ···················· 225

⑬ 학교 축제를 즐겨요 (새로운 도전) ························ 230

⑭ 제 생각은 알고 계셔야지요 (소통 2) ······················ 232

⑮ 큰아들의 찐 인도 여행기! (실패 속 성장) ················ 236

성장 다섯

이제는 완성, 도전과
성취로 꿈을 펼쳐요

① 나도 한글 배우고 싶어요 （자기주도학습 시작） ·················· 245

② 이제 내 차례일지 어떻게 알아요? （도전과 성취） ············· 250

③ 스스로 찾아가는 학습법! （자기주도학습 방법） ················· 255

④ 공부는 스스로! （자기주도학습 완성） ····························· 259

⑤ 내년에는 꼭 상 받을 거예요 （자기 다짐） ······················· 265

⑥ 저도 그 반에서 할래요 （경쟁과 자신감） ·························· 270

⑦ 형은 되고 왜 나는 안 돼요? （자기 선택의 힘） ················ 273

⑧ 짜장면 한 그릇의 힘! （성취 욕구） ································· 277

⑨ 다 망쳤어! （실패와 성공） ··· 281

⑩ 엄마! 계속 이래도 될까요? （배움의 허와 실） ················· 285

⑪ 나는 자료가 필요해! （학습 주체와 도구） ······················· 289

⑫ 죽을 만큼 해 봤어? （노력의 결과） ································ 292

부록

부모와 함께 성장한 아이들의 소감 ···························· 299

행복한 부모 되는 법!

한 생명이 아름답게 성장해 가는 과정을 온전히 지켜볼 수 있는 존재가 부모다. 아이는 성장해 가면서 신비로운 기쁨을 부모에게 최고의 선물로 선사한다. 나는 그 멋진 선물을 지금 풀어 놓으려 한다. 두 아들의 성장 과정에 참여하며 최선을 다해 몰입했던 행복한 순간들이 주마등처럼 스쳐 간다. 우리 부부는 올바른 양육을 위해 우리만의 기준을 정했다. 다행히 우리 부부의 교육철학이 두 형제의 성장에 좋은 영향으로 작용했다. 그 영향으로 훌륭하게 성장해 가고 있어 뿌듯한 감정이 든다.

두 아들이 누구나 인정하는 최고의 대학에 입학해 자기 길을 성실히 준비하는 모습을 보는 것이 흐뭇했다. 하지만 그것보다 더 자랑스럽게 생각하는 것이 있다. 그것은 주변과 소통하는 따뜻한 인간으로서 세상을 살아갈 수 있다는 믿음이다. 두 아들은 인생에서 하나의 성취를 이루고 앞으로 나아가는 순간마다 우리 부부에게 존경과 감사의 마음을 표현한다. 부모로서 자식으로부터 진심 어린 사랑과 존경의 대상이 된다는 것이 얼마나 기쁘고 행복한 일인지 모른다. 자식도 부모의 인정을 중요하게 생각하듯 부모 또한 그렇다. 우리 부부는 두 아들로부터 그런 표현을 수시로 받으며 살아가니 인생의 한 부분 중 부모로서의 삶은 성공했다.

두 형제가 우리 집이라는 이름으로 한 울타리 속에서 온전히 함께한 시간은 겨우 중학교 시절까지뿐이다. 그래도 현재 서른 전·후인 두 아들과 지금까지도 거의 매일 전화로 소통하며 일상사를 나눈다. 우리 가족은 물리적 거리로 인한 마음의 거리를 느껴본 적이 없다. 내가 "너희가 엄마, 아빠 자식으로 태어나줘 정말 행복하게 생각한단다. 그런데 너희 또한 건전하고 성실한 우리를 부모로 만난 게 행운일 거야."라고 말하면 두 아들도 강하게 긍정을 표했다. 우리는 완벽한 팀워크를 이루며 정말 열심히 살아왔다. 지금까지 각자의 위치에서 책임을 다하며 가족 전체가 성장하는 삶의 시간을 보냈다.

큰아들이 23년 12월에 결혼함으로써 우리 인생에서 또 한 번의 성장을 경험했다. 사람은 새로운 큰 경험을 할 때 생각이 성숙해지는 것은 어른이나 아이나 마찬가지다. 큰아들의 결혼으로 새 가족이 생겼다. 시간이 지나면 또 새 생명이 세상에 나올 것이다. 새롭게 가정을 꾸리게 되는 아들 부부를 위해 엄마로서 무엇을 선물하면 좋을까 생각해 보았다. 나는 맞벌이하면서 처음 해보는 육아로 혼란스럽고 힘들었던 순간이 생각났다. 맞벌이하는 아들 내외도 우리와 비슷하지 않을까 하는 마음이었다. 그래서 그 시절 어려웠지만 우리가 함께 잘해 왔던 활동으로 가족이 성장해 온 내용을 정리하기로 마음먹었다. 이 글이 맞벌이하는 아들 부부의 육아에 좋은 자료가 되었으면 한다. 바른 육아와 교육으로 행복한 가정을 만들기 바라는 마음에서 내가 가진 교육적 소양을 모두 담으려 노력했다.

사람은 개인에 따라 특성, 능력, 발달 분야, 생각 등이 모두 다르다. 따라서 같은 교육 방법을 적용하더라도 동일한 결과를 얻을 수 없음을 안다. 그럼에도 이 글을 쓰는 이유는 아이의 특성에 따라 교육하더라도 교육의 기본은 항상 지켜져야 하기 때문이다. 대가족을 이루며 살던 시절은 자연스럽게 아이를 양육하고 교육할 수 있었다. 현대 사회는 부모 중심으로 자식을 키울 수밖에 없는 환경이다. 부모는 아이가 독립된 존재로 오롯이 자신의 세상을 살아가게 양육해야 할 책임이 있다. 그러려면 부모가 첫 출발부터 확고한 교육철학을 확립하고 양육해야 한다.

부모의 교육철학을 확립하는 데 도움을 주고자 내가 교육하며 실천했던 내용을 정리했다. 이 책에는 다음과 같은 내용들이 들어 있다. 34년의 교직 생활 중 독서와 연수로 연구한 내용을 학생 교육에 실천하며 얻은 소중한 경험을 적었다. 두 형제가 자라는 속도보다 조금 앞서 공부하며 적용한 양육 과정을 넣었다. 아이의 성장을 위해 남편과 함께 활동하고 노력했던 우리 가족의 실제 경험도 기록했다. 평생 교육활동을 하셨던 친정아버지와 나를 양육하셨던 친정어머니의 교육철학도 같이 전달하려 노력했다. 두 아들의 성장 과정에서 나의 이런 교육철학이 반영된 생활 이야기를 풀어 놓았다. 이 시대 부모들, 특히 맞벌이 부모에게 도움이 되었으면 한다.

우리 부부는 두 형제를 아름답게 꽃 피울 수 있도록 안내하고 도와주어 스스로 좋은 열매를 맺도록 했다. 이 세상 모든 부모가 자식의 성장 밑거름이 되기를 바란다. 그리하여 자식이 아름다운 꽃을 피우며 좋은 열매를 맺어 가는 과정을 즐겁게 지켜보자. 그 속에서 행복한 부모로 살아가기를 진심으로 소망한다.

2025년 3월

책에 등장하는 이름은 모두 가명입니다.

몸풀기

부모도 준비가 필요해요

①

아이 교육을 위한 생각 바로 세우기

어떤 부모가 좋은 부모일까? 과연 아이들에게 우리는 좋은 부모였을까? 곰곰이 생각해 보았다. 돌이켜보니 완벽한 부모가 되고자 한 것보다 좋은 부모가 되기 위해 무척 노력했다. 큰아들이 언젠가(대학에 다니고 있었을 땐가?) "내가 애를 낳으면 엄마가 키워주시면 좋겠다."라고 불쑥 말했다. 그래서 "왜~?"라고 물었다. 큰아들은 "엄마가 양육해 주시면 훌륭한 교육으로 잘 키워주실 거라는 믿음이 있어서요."라고 했다. 아들이 그렇게 말한다는 건 나의 양육 방식을 인정하고 감사하게 생각하는 마음일 것이다. 교육의 가장 기본인 신뢰를 바탕으로 제대로 교육이 이루어졌다고 생각되어 흐뭇했다. 우리는 맞벌이로 생활하면서 반쪽짜리 부모 역할을 할 수밖에 없었다. 그렇기에 평소 아이들이 만족할 만한 부모였느냐는 의심이 있었다. 그런 상황에서 뜻밖에 다 큰 아들로부터 이런 말을 들을 수 있다는 게 참 기분 좋은 순간이었다.

큰아들이 태어났을 때 같은 학교에 근무하시는 선생님의 사모님께 육아를 부탁드리게 되었다. 27개월 뒤 태어난 작은아들도 마찬가지였다. 그분께 6년이라는 긴 세월 동안 육아에 대한 도움을 받을 수 있었다. 두 아들에게는 큰엄마라는 존재가 그렇게 생겨나 낮 동안 엄마의 부재를 느끼지 않게 되었다. 덕분에 두 형제는 정신적인 불안감 없이 안정적으로 잘 성장할 수 있었다. 그분께는 항상 감사한 마음이 든다. 특히 운 좋게도 그분과 나는 양육철학이 비슷했다. 그렇게 맺은 인연은 30년이 지난 지금까지 계속되어 아이들에게는 큰아빠, 큰엄마의 존재로 자리 잡고 계신다.

좋은 부모는 24시간 같이 있는 것에 의미를 두지 않았으면 한다. 맞벌이하고 있는 세상 부모들이 자식에 대해 느끼는 감정은 비슷하겠지만 자식을 대하는 태도는 천차만별이다. 하루 종일 같이 있는 것보다 아이와 시간을 어떻게 보내느냐가 훨씬 중요하다. 짧은 시간이라도 진심으로 아이와 교류하며 함께할 수 있는 태도가 더 좋은 결과를 가져다준다. 아이는 부모의 관심과 지지를 받으며 성장한다. 이제 태어나 아무것도 모른다고 생각할 때조차도 우리가 알지 못할 뿐 아이는 부모의 관심과 사랑으로 성장한다.

양육할 때는 부모의 양육철학이 필요하다. 아이는 스스로 성장해 가겠지만, 올바른 방향으로 성장하기 위해서는 부모의 개입이 필요하다. 시기에 따라 부모가 조력자와 안내자로서 역할을 훌륭하게 해야만 한다. 서울대 교수와 교육부 장관을 지낸 교육학자 문용린 박사는 "교육의 진짜 혁신은 엄마들의 교육관의 변화에서 비롯된다."라고 했다. 그것에 덧붙여 현대 가정에서는 아빠의 역할 또한 매우 중요하다는 것을 말하고 싶다. 엄마와 아빠가 어떻게 양육할 것인지 서로 의논하고 공부하면서 자신들의 교육철학을 형성해야 한다. 그것을 기반으로 자녀를 바르게 돌보며 교육에 힘써야 좋은 결과를 얻게 된다. 나는 육아와 교육에 관한 많은 책을 읽고 내면화함으로써 나름대로 교육철학을 세웠다. 그 교육철학은 학교에서는 학생을, 가정에서는 아이들을 양육하고 교육할 때 기준이 되었다. 이러한 교육철학을 토대로 교육한 덕분에 흔들리지 않고 교육할 수 있었다.

좋은 부모가 되기 위한
열 가지 양육철학

첫째, 짧은 시간이라도 진심으로 아이와 함께하자. 신생아일지라도 사람은 자신에게 진심으로 대하는 사람을 믿고 좋아한다. 그러므로 내 아이에게는 더욱 그런 마음으로 대해야 한다. 특히 맞벌이하는 부모는 많은 시간을 아이와 함께하지 못함을 아쉬워하지 말고 주어진 시간에 최선을 다하자.

둘째, 원칙을 정하고 일관성 있는 태도로 양육하자. 부모의 기분에 따라 허용하거나 불허하는 태도는 아이를 혼란스럽게 만든다. 무조건적인 사랑을 바탕으로 아이를 양육한다는 의미가 모든 걸 허용하라는 것이 아니다. 해서 되는 것과 안 되는 걸 구분하여 분명하고 확실하게 알려주자. 당연히 그 이유도 말해 주어야 한다. 이해하고 받아들이면 아이가 바르게 자란다. 어려서 못 알아들을 것이라는 생각은 착각이다. 7개월 이후의 아기들은 엄마의 말을 알아듣는다고 했다.

셋째, 아이를 지지하며 믿어주자. 어떤 상황에서도 아이의 가능성을 믿고 기다리면 아이는 부모가 믿는 만큼 성장한다. 스스로 성장하는 아이를 바란다면 부모는 믿고 기다려 주면 된다. 아이의 실수와 실패를 확대해석하지 말자. 실수나 실패는 도전과 시도에서 일어날 수 있는 일상적인 일이다. 도전과 시도를 통해 아이가 성장한다는 것을 명심하고 믿고 기다려 주자. 에디슨의 어머니처럼.

넷째, 좋은 습관이 형성될 수 있도록 부모가 먼저 모범을 보이고 규칙적인 생활을 하자. 아이는 부모의 모습을 보고 자란다. 기본적으로 취침, 기상, 식사 습관, 평상시의 시간 활용, 작은 것이라도 끝까지 해내는 것 등 모든 생활 습관은 아주 사소한 것부터 시작된다.

다섯째, 될 수 있는 한 아이와 많은 경험을 하며 그 경험에 대한 느낌을 공유하자. 이때 활동이 즐거운 일이 될 수 있도록 유도하자. 부모와 같이하는 활동은 아이들에게 그 자체로 행복한 일이다. 단지, 부모 욕심으로 빠른 성과를 기대하며 강압적으로 하지 말자. 아주 어릴 적 경험은 아이가 기억하지 못할 수 있다. 드러나지 않을 뿐 아이의 내면에 축적되어 보이지 않는 자원이 되는 것을 명심하자. 이러한 부모와의 활동은 신뢰를 쌓을 수 있을뿐 아니라 좋은 관계를 맺는 기본이 된다. 그런 경험은 아이 자신도 모르는 사이 어떤 형태로든 아이의 성장에 작용한다.

여섯째, 스스로 목표를 세우고 자신을 위해 인생을 살아가도록 안내해주자. 유아기에서 아동기 때까지 생활 속 사소한 것에서부터 스스로 목표를 세우고 성취하는 기쁨을 느끼도록 도와주자. 성취의 기쁨을 아는 아이는 그 맛을 느끼기 위해 스스로 노력하게 된다. 또한 그런 성취 경험이 모여 자신감이 생기고 스스로 자존감을 높여간다. 자존감이 높은 아이는 쉽게 좌절하지 않고 결국 자신의 인생을 성공적으로 살아갈 수 있는 법이다.

일곱째, 부모의 꿈이 아닌 아이의 꿈을 꿀 수 있게 해주자. 부모가 도와줄 것은 무엇을 좋아하고 잘하는지 살펴 아이가 자신의 삶을 살아가도록 지원해야 한다. 미래 사회는 지금과는 완전히 다른 사회의 모습이 될 것이다. 현재 우리가 보는 모습이 아닌 다른 세상에서 살아가야 할 아이들을 우리 생각으로 가두어서는 안 된다. 조력자와 안내자 역할로 충분하다. 그러려면 부모가 먼저 미래 사회의 모습을 예상할 수 있는 마음의 눈을 키울 수 있도록 공부하자.

여덟째, 자기 자신을 극복할 수 있는 사람으로 성장하도록 도와주자. 남과 비교하는 사고 습관이 생기지 않도록 부모의 언행부터 경계하고 아이가 자신의 성장에 초점을 맞출 수 있도록 도와주자. 부모의 생각과 태도가 아이에게 바로 영향을 미치게 되는 부분이다.

아홉째, 아이의 특성과 강점을 잘 살피고 아이에게 맞는 방법으로 교육하자. 100이면 100 모두 다른 특성을 가진 것이 인간이다. 나의 아이들도 이공계 분야에서 공부하고 있지만 그 성향은 완전히 다르다. 각자의 성향을 고려한 교육 방법은 더 효과적으로 아이를 성장시켜 좋은 결과를 얻게 된다.

열 번째, 도덕적인 삶과 나눌 줄 아는 삶의 자세를 가질 수 있도록 교육하자. 도덕적인 삶, 나누는 삶의 자세가 손해될 것 같지만 절대 세상살이에 공짜는 없다. 삶의 자세가 바르면 어떤 어려운 상황이 닥쳐도 자기를 믿고 이겨낼 힘이 생긴다. 그리고 나눈다는 것은 남을 위한 것이 아니라 자신을 위한 것임을 생각하자. 사소한 것이라도 나누는 삶은 정신을 풍요롭게 만들어 준다. 또한 감사하는 마음을 가지게 되는 겸손도 배우게 된다. 나누었던 것은 지금 당장은 아니지만 언젠가 자신도 모르게 어떤 형태로든 자기에게 더 크게 돌아온다.

우리 부부는 위와 같은 원칙을 정하고 좋은 부모로서 역할을 실천하고자 무척 애를 썼다. 두 아들은 우리의 교육 방침을 잘 따라주어 자기 주도적 삶을 살아왔다. 현재 자기 인생을 위해 열심히 노력한 덕분에 훌륭한 인재로 성장했다고 자부한다. 부모가 되기 위해 준비 중이거나 시작점에 계신 분들은 좋은 부모 역할에 대하여 진지하게 생각해 보기를 권한다. 그리고 자신들의 교육철학(양육철학)을 만드는 데 참고하여 아이들이 스스로 훌륭하게 성장할 수 있도록 도와 주기를 간절히 바란다.

③

아이를 만나기 위한
설레는 준비

    임신 전 건강한 정신과 몸을 만들기 위해 노력하는 과정부터 육아의 시작이다. 건강한 아기를 출산하기 위해 엄마의 건강 상태가 좋아야 하는 것은 기본이다. 임신 후 건강 상태가 좋은 산모는 스트레스를 덜 받고 기분 좋은 편안함을 유지할 수 있어 태아 역시 안정적으로 성장한다.

    나는 큰아들을 낳기 전 유산한 경험이 있다. 그것은 결혼 준비를 하며 시골에서 창원으로 근무지까지 옮기는 변화를 겪으면서 생긴 일이다. 새 학교생활에 적응해야 하는 어려움과 3월 중순에 바로 치러진 결혼식으로 나는 아주 힘들었다. 특히 신혼집을 마련하는 과정에서 속상한 일이 생겨 마음이 많이 상했다. 더불어 시댁의 의식과 문화가 나와 너무 달라 남편과도 큰 갈등이 생겼다. 튼튼한 신체와 건전한 정신을 가진 나였지만 여러 어려운 상황으로 스트레스를 심하게 받았다. 결국 슬픈 일이 발생했고, 짧은 시간 동안 일어난 다양한 변화로 힘든 시간을 보냈다. 내 앞에 펼쳐진 문제를 해결하기 위해서는 결국 내 생각을 바꿔야 했다. 나는 결정을 내렸다. 내가 선택한 것은 내가 책임져야 한다는 신념에 따라 최선을 다하기로 마음먹었다. 결혼 후 6개월 동안 있었던 심한 갈등의 시간을 접으며 마음 정리를 하고 나니 아이가 찾아왔다. 임신 후 태교부터 잘해야겠다고 생각은 했지만, 태교의 중요성은 크게 몰랐다. 나는 '태교라는 게 도움이 될까? 그냥 조심하라는 의미겠지.'라고 생각했다. 평소보다 말과 행동을 조심한 정도였다. 그런데 두 아들을 출산하고 양육하는 과정에서 '태교는 정말 중요하구나.' 하고 깨달았다. 임신한 상태에서 생활했던 모든 내 행동의 결과를 양육 과정에서 느꼈기 때문이다.

큰아들은 만삭일 때까지 몸이 가벼워 출·퇴근 시 20분 정도를 씩씩하게 걸어서 다녔다. 학교에서는 두 계단씩 이동하며 활발하게 생활했다. 일상생활도 클래식 음악을 많이 들으며 책도 많이 읽었다. 작은아들은 임신 초기부터 몸이 무겁고 힘들어 활발하게 생활하지 못했다. 큰아들을 돌보면서 작은아들을 임신한 상태라 여러 조건이 큰아들 때와는 달랐다. 퇴근 후 집에서 조용히 음악을 듣거나 독서하는 것은 불가능했다. 대신 손을 사용한 작업을 많이 했다. 작은아들 임신 중 미술 교사였던 나는 바구니 만들기 수업을 진행했다. 전통 바구니 짜임을 응용하여 지끈을 재료로 바구니를 만드는 수업이었다. 다양한 형태의 참고 작품을 만들기 위해 열심히 지끈을 꼬았다. 그 과정에서 손가락에 물집이 잡히고 군살이 생길 정도로 손의 사용이 많았다.

물론 두 아이의 성향이 많이 다른 것이 이런 이유만으로 나타나는 것은 아닐 것이다. 하지만 임신 과정에서 내가 했던 행동과 생활 태도가 어느 부분에서든 분명히 영향을 미쳤다고 본다. 임신 중 상태에 따라 두 아이의 신체 능력과 성격이 정말 다르게 나타났다. 이 다름을 이유로 태교의 중요성을 이야기하는 것이 무리는 아닐 것이다. 큰아들은 신체 발달이 또래에 비해 아주 빨랐다. 움직이기 시작하면서 매우 활동적이었으며 운동신경도 뛰어났다. 또한 음악에 대한 반응과 습득 능력도 좋았다. 아기 때부터 책을 좋아하고 항상 가까이했다. 반면 작은아들은 움직임이 적고 항상 조용하게 지낸 데다 책에는 별 관심이 없었다. 하지만 유아기부터 손의 움직임이 좋았고 가위를 사용할 즈음에는 또래보다 눈에 띄게 잘했다. 차분한 태도로 자기 주변 사람들의 마음을 잘 관찰하고 타인을 기분 좋게 해주는 능력이 있었다. 이렇게 다른 두 아들을 양육하면서 나는 절실히 깨달았다. 아이의 특성은 산모의 특정 행동과 생활 습관, 생각 등 엄마의 모든 상태가 영향을 줄 수밖에 없다는 것이다. 한 인간의 기본적인 특성은 유전자와 더불어 결국 임신 중 엄마의 의식과 행동이 결합 된 것이다.

부모 될 준비는 몸과 마음을 바르게 하고 아이를 어떻게 양육할 것인지 부부가 의논하는 것부터다. 특히 그 과정에서 양육철학을 세우기 위해 학습하며 노력하는 것이 부모 준비의 출발점이다. 부모로서 어떤 삶을 살 것인지 먼저 생각하며 자기 삶의 자세를 살피는 것이 중요하다. 현시대는 반드시 부모 되기 위한 공부가 필요하다. 대가족을 형성하고 살던 시대는 자연스럽게 조부모가 양육에 참여했다. 그랬기 때문에 부모로서 성장하는 과정도 육아 과정과 함께 이루어지고 있었다. 그런데 현대 사회에서는 부부가 전적으로 처음부터 육아를 감당해야 하기에 연습 과정이 없다. 부모 준비가 제대로 되지 않은 상태에서 자녀를 양육하면 부모 자신뿐 아니라 아이도 불행하게 만들 수 있다. 교직 생활 중 가장 안타까웠던 점은 아이의 문제는 주로 부모로부터 시작되었다는 것이다.

　부모로서 아이에게 큰 영향을 줄 수 있는 중요한 시기는 열 살까지다. 아이가 태어나 성장하는 10년은 부모의 모든 역량을 동원하여 좋은 부모 역할을 해야 한다. 부모는 아이가 열 살이 될 때까지 바른 생각, 바른 생활 태도, 도덕심, 자존감 등에 대하여 교육하는 데 집중해야 한다. 물론 그 이후에도 필요한 교육 내용이고 교육도 가능하다. 하지만 몇 배 더 힘들게 시간과 노력을 투입해도 교육적인 효과는 미미하다. 열 살까지 부모와 자식이 서로 신뢰를 바탕으로 한 교육이 이루어져야 한다. 이후부터는 서서히 놓아주며 지켜봐 주기만 해도 모든 게 순조롭다. 단 자식은 부모의 모습을 보고 성장한다는 것을 항상 명심하자. 가장 좋은 교육은 부모가 행동으로 보여주며 아이를 진심으로 믿고 사랑하며 함께하는 것이다.

성장 하나

이제는 실전, 부모가 아이의 전부예요

습관의 힘이 아이의 인생을 만들어요

성공적인 삶을 위해서 필요한 조건 중 하나가 좋은 습관이라고 말한다. 우리 속담에서도 습관에 대하여 '세 살 버릇 여든까지 간다.'라고 언급하고 있다. 우리 인생은 결국 어떤 습관을 형성하느냐에 따라 그 결과가 달라진다.

태어나면서 가장 먼저 만나는 대상이 부모다. 부모의 생활 습관은 아이에게 큰 영향을 미치게 되는 것은 분명하다. 특히 신생아에게는 부모가 세상 전부가 된다. 이때 부모가 어떤 생각을 바탕으로 아이를 보살피는가에 따라 아기의 습관도 형성되기 시작한다. 자그마한 아기를 처음 품에 안게 되면 신기함과 동시에 감동이 밀려온다. 부모로서 아기에 대한 강한 책임감도 느낀다. 그러면서 아기가 행복한 삶을 살아가기를 진심으로 소원한다. 부모의 역할은 아이 스스로 자신의 인생을 행복하게 만들어 가는 바탕을 형성시켜 주는 것이다.

아기는 신생아 때 생존이 가장 큰 문제다. 그래서 이 시기는 먹고, 배설하고, 잠자는 기본에 충실한 생활을 한다. 부모는 이 기본적인 생활을 규칙적으로 할 수 있도록 도와야 한다. 아이의 규칙적인 습관 형성은 이 시기부터 시작된다. 좋은 습관을 자신도 모르는 사이 몸에 익히는 계기가 된다. 먹는 습관은 건강과도 연결된다. 시기에 따라 먹는 양과 시간을 지켜 적절한 양을 규칙적으로 먹여야 한다. '지나친 것은 모자람만 못하다.'는 말처럼 상황 판단을 하지 않고 무조건 정해진 양과 시간을 지키자는 것은 물론 아니다. 아이의 상태에 맞춰 최대한 규칙적으로 제공하자는 것이다. 신생아 시절 나의 두 아들을 비교해 보면 큰아들은 처음부터 먹성이 아주 좋았다. 시기에 따라 먹어야 하는 양보다 항상 20ml 정도를 더 먹었다. 작은아들은 반대로 20ml 정도를 꼭 남겼다. 아무리 먹여 보려고 노력해도 혀로 밀어내며 먹지 않았다. 두 아이는 먹는 양이 처음부터 달랐다. 이처럼 아이의 상황에 맞춰 적절하게 조절하며 그 안에서 규칙적인 습관을 형성시켜야 한다. 지나치게 많이 먹거나, 먹지 않는 경우는 별도로 의사 선생님과 상의한 후 아이의 습관을 만들어 가야 할 것이다. 나도 그 당시는 엄마가 처음인지라 시행착오를 많이 겪으며 궁금한 것은 책을 찾아 공부하면서 양육했다. 지금은 인터넷을 검색하면 유용한 정보를 쉽게 찾을 수 있다. 30년 전에는 육아 과정을 먼저 경험한 선배의 조언과 육아서에서 정보를 얻을 수밖에 없어 답답할 때가 많았다.

나는 두 아들을 제왕절개로 출산했다. 큰아들은 머리가 거꾸로 되어 골반에 들어가지 않았다. 역아를 바로 잡기 위해 열심히 운동했다. 그런 노력도 소용없이 아이가 계속 돌아가 버려 제왕절개를 할 수밖에 없었다. 나는 출산한 후 큰아들에게 직접 수유할 상황이 아니었다. 입원하고 있는 동안 모유를 먹이기 위해 간호사에게 유축한 모유를 전달했다. 하지만 모유 수유로 인해 아기에게 황달이 생기게 되어 이마저도 할 수 없었다. 모유를 먹이고 싶은 마음을 내려놓으며 어쩔 수 없이 모유 수유를 포기했다. 모유의 초유도 제대로 먹이지 못하고 분유를 먹일 수밖에 없었지만, 다행히 튼튼하게 잘 자라 주었다. 작은아들은 한 달 정도 모유 수유를 했지만, 설사가 계속되어 난감했다. 변 상태에 따라 내 기분도 오락가락했다. 설사로 인해 마음이 좋지 않아 계속 먹여야 하는지 갈등도 되었다. 후에 알게 된 사실은 모유를 먹으면 원래 약간 묽은 변을 본다고는 했다. 하지만 작은아들은 계속 조금씩 기저귀에 변을 묻혀 엉덩이가 빨갛게 되는 날이 많아 힘들었다. 결국 한 달 정도 먹이고 작은아들 또한 모유 수유를 포기했다. 출산휴가를 마치고 학교에 출근하게 되면 수유하기 힘들다는 판단도 있었다. 두 아들은 이런 사정으로 모유를 충분히 먹지 못하고 분유를 먹으며 자랐다. 당시 사회 분위기는 모유를 먹이지 않는 것에 대한 부정적 견해와 논란이 많았기에 내가 문제 있는 엄마처럼 여겨졌다. 그 이유로 아이들의 건강과 성격 형성에 더 마음을 쓰며 키웠다.

규칙적인 습관은 먹는 것과 함께 수면 습관도 중요하다. 먹는 습관이 규칙적이면 특별한 일이 없는 한 배변 습관도 규칙적으로 되니 수면 습관에 더 신경을 써야 한다. 신생아 시기는 먹고 자는 것이 일과다. 3~4개월까지는 아기의 리듬에 맞추어 비슷한 시간에 먹이고 재우는 습관을 만들어 주면 좋겠다. 낮에는 배불리 먹이며 놀아주고 졸려 하면 재우면 된다. 저녁 시간에는 잠에 집중할 수 있도록 도와주자. 가끔 낮과 밤이 바뀌어 부모를 힘들게도 하지만 대부분 5개월쯤 되면 밤에 길게 잠을 잔다. 큰아들이 태어난 1994년 7월은 무지막지하게 더웠다. 기록적인 폭염 때문에 모두가 힘들어했다. 당시는 교사들의 복장 규정이 엄격했던 시절이라 여름에도 약간의 노출조차 허락되지 않았다. 그런데도 기록적인 더위 앞에서는 그런 규정도 소용없어졌다. 복장에 대한 간섭이 없었고 오히려 방송에서는 간편 복장을 권유할 정도였다. 당연히 에어컨 구경하기는 힘들었고 50명이 넘는 덩치 큰 학생들이 한 교실에서 생활했다. 그럼에도 선풍기 두세 대로 생활하던 시절이었다. 일반 가정에서도 비슷한 환경으로 더위는 참을 수 없는 지경이었다. 성인도 참기 힘든 그해 여름, 신생아였던 큰아들은 잠을 자지 못하고 그렇게 울고 보채며 잠투정을 해댔다. 큰아들도 얼마나 힘이 들었을지 이해되었다. 말은 못하니 울음과 짜증으로 표현했을 수밖에 없었다. 밤새도록 잠을 못 자고 아기와 씨름하는 날이 많았다. 그런데 9월이 되면서 한더위가 물러가니 큰아들이 너무나 온순해졌다.

출산휴가 두 달 동안 진주에 있는 친정에서 생활하다 창원으로 왔다. 다행히 우리 집으로 돌아온 후부터 밤에는 충분히 먹고 나면 잘 잤다. 물론 자다가도 먹어야 하는 시간이면 어김없이 일어나 울어댔다. 성장해 감에 따라 밤에 잠자는 시간이 길어지고 깨는 일이 없어졌다. 습관을 잘 형성시킨 덕분인지 두 아이는 모두 100일이 지나면서 밤에 거의 깨지 않고 잘 잤다. 보통 5개월 이후에는 한 번에 계속 잘 수 있게 되면서 부모도 잠자는 것이 편해진다. 이렇게 좋은 습관을 형성시키기 위해서는 아기와 소통을 잘해야 한다. 신생아는 울음으로 의사를 표현할 수밖에 없다. 성인도 자신의 마음을 몰라주면 답답해하는데 아기는 더욱 그렇다. 울음 상태에 따라 의미를 잘 파악해야 아기와 원만하게 소통한다. 아파서, 배고파서, 배변으로 인해 찝찝해서, 잠이 와서 등 상황에 따라 울음의 형태나 느낌이 다르다. 내 아기의 울음 형태에 따른 의미 파악이 잘 되면 아기와 부모가 모두 행복하고 편안하다. 아기가 울고 보채는데도 상황을 파악하지 못하거나 관심을 주지 않고 돌보지 않으면 안 된다. 그런 상황이 지속되면 자라면서 성격이나 자존감에 문제가 생기게 되니 주의해야 한다. 신생아는 오로지 부모에게 의지할 수밖에 없다. 이 상황에서 부모가 어떻게 반응하느냐에 따라 아기의 평생 습관과 성격이 만들어지는 것을 명심하자.

이 시기는 잘 먹고, 잘 싸고, 잘 자면 아무 걱정이 없다. 중요한 것은 규칙적으로 먹고 잘 수 있도록 부모가 도와야 한다. 더불어 아기와의 잦은 스킨십으로 서로의 사랑을 충분히 느낄 수 있도록 하자.

②

성향을 알면
양육도 편해요

작은아들을 양육하면서 날마다 새롭게 느낀 게 있다. 같은 아들임에도 불구하고 큰아들과 달라도 너무 달랐다. 큰아들은 먹성이 좋아 성장이 빠르고 뼈대가 굵고 튼튼했다. 그런데 아프면 혼이 빠질 정도로 급하고 심하게 아프다 치료하면 바로 좋아졌다. 16개월 때 후두염, 19개월 때 가성콜레라를 앓으며 내 혼을 쏙 뺐다. 숨을 못 쉬고 힘들어하는 아이를 안고 한밤중에 응급실로 내달려야 했다. 물만 들어가도 물기둥을 뿜어내는 상황에 정신없이 병원으로 뛰어야 했던 큰아들이었다. 신기하게도 입원 치료 하루 만에 멀쩡해졌다. 언제 그렇게 아팠나 의구심이 들 정도로 갑자기 좋아졌다. 작은아들은 뼈대가 가늘고 고왔다. 건강 상태가 튼튼하고 좋았던 것은 아닌데 심하게 아픈 적이 없었다. 먹는 것을 즐기지는 않았지만, 미각은 발달해 맛 구분을 잘했다. 부드럽고 조용한 성격으로 타인과 부딪치는 걸 싫어하며 의사 표현도 잘하지 않았다.

이렇게 상반된 두 아들을 양육하며 학교에서 학생을 지도할 때 많은 도움을 받았다. 같은 형제의 성향도 개인에 따라 크게 다름을 인지함으로써 그것을 알고 교육할 수 있었다. 더욱이 환경과 개인적 특성이 모두 다를 수밖에 없는 학생을 같은 방법으로 교육할 수는 없었다. 나는 학생 개인에게 맞는 교육을 해야겠다는 원칙을 스스로 세웠다. 그 생각은 개인적 특성을 고려한 맞춤형 교육을 실천하도록 만들었다. 내 아이를 통해 느끼고 배운 것은 학생들에게 적용했다. 학생들에게서 느끼고 배운 건 내 아이에게 실천하며 생활했다. 엄마와 교사로서 그렇게 아이들과 함께 지금까지 성장해 왔다.

돌을 지나면서 큰아들의 성향을 잘 보여준 사건이 생겼다. 돌 즈음에 '엄마'라는 발음을 분명하게 하며 말을 시작했다. 그러다 2~3개월이 지나면서 나를 보고도 '엄마'라고 하지 않았고 남편에게만 '아빠'를 호칭했다. 잘 발음하던 '엄마'를 아예 입 밖으로 내지 않은 이유를 16개월쯤 되었을 때 알았다. 낮에 양육하시는 분을 큰엄마로 호칭했고 아이가 '큰'이 발음되지 않으니 나와 구분하여 부를 수 없었다. 그래서 '엄마'라는 단어 자체를 사용하지 않았다. 아이가 '큰'을 발음할 수 있게 되면서 다시 나를 '엄마'로, 낮에 양육하시는 분을 '큰엄마'로 구분해서 부르기 시작했다. 그 작은 머리가 그동안 얼마나 혼란스러웠을지 상상되었다. 그것은 큰아들의 분명한 성격이 드러났던 사건이다. 몇 개월 동안의 걱정과 궁금증이 해결된 순간이었다. 작은아들은 그런 과정 없이 자연스럽게 지나갔는데 이것도 두 아이의 성향 차이라 생각한다. 큰아들은 엄마 역할이 처음이라 시행착오를 겪으며 연구하고 제대로 양육하기 위해 대단히 노력했다. 덕분에 작은아들은 아이의 성향에 맞춰가며 큰아들보다는 수월하게 양육했다.

큰아들은 돌이 지나면서 고집이 생기기 시작해 우리 부부와 살짝 귀여운 갈등을 일으켰다. 갈등의 시작은 먹는 것에서 비롯되었다. 나는 이유식을 통해 여러 가지 재료의 맛에 적응하도록 만들었다. 영양 또한 균형을 맞추기 위해 노력했다. 그런 다양한 시도 덕분에 웬만한 음식은 잘 먹었고 먹성도 좋았다. 이유식에서 밥으로 넘어온 후 아이 식사는 성인이 먹는 식재료를 모두 사용하였다. 간만 약하게 하여 아이가 씹을 수 있는 정도로 재료를 잘게 처리해 주었다. 하루는 약하게 절인 깻잎을 찢어 밥에 얹어 주었더니 그대로 뱉어 버리며 고집을 피웠다. 밥 한 숟가락으로 아이와 갈등이 시작된 것이다. 내가 아이의 고집을 꺾기로 마음먹었기에 그 한 숟가락을 먹이기 위해 30분을 씨름했다. 그런 후 나머지 밥은 아이 스스로 절인 깻잎과 함께 모두 먹었다. 큰아들의 고집이 나에 의해 꺾인 순간이었다. 아이 고집을 통제하려고 마음먹었으면 끝까지 실천해야 한다. 그 과정에서 마음이 아파 '내가 너무 지나치게 하는 거 아닌가? 이렇게까지 해야 하나.'라고 생각하며 갈등을 느낄 것은 당연하다. 하지만 그 순간을 이겨내지 못하면 후에는 더 힘든 순간을 맞이하게 됨을 생각하자. 아이 고집을 통제하는 첫 순간에 시작하다 포기하면 다음에는 더 힘들어진다. 자기 뜻대로 하려는 태도가 강화되어 고집이 더 세지기 때문이다. 나도 밥 한 숟가락의 순간을 이겨내지 못했다면 아마 고집 센 큰아들에게 밀려 제대로 교육하기 힘들어졌을지 모른다. 그날 밥 한 숟가락의 대치 상태를 불러왔던 절인 깻잎을 큰아들이 지금은 잘 먹을까 궁금할 것이다. 생 깻잎부터 절인 깻잎까지 모두 잘 먹고 좋아한다. 지나친 걱정은 하지 말고 그 순간 필요한 교육적인 지도에만 집중하자. 큰아들이 과학고 조기졸업으로 서울대 공과대학에 합격한 후 가족 식사 자리에서 아빠에게 한 말이다.

"그래도 제가 엄마께 이만큼이라도 주장하고 살아서 아빠가 좀 편하신 부분이 있지 않았어요?"
"그렇지. 네가 기가 센 덕분에 엄마 기가 좀 꺾이긴 했지."

남편 말에 우리 가족은 서로 얼굴을 보며 박장대소했다. 큰아들은 사춘기가 시작된 중학생이 되어서도 나를 무한 신뢰했다. 중학생이 된 후는 자신보다 모든 게 약하다고 인지하면서도 엄마를 존중하고 인정하며 신뢰했다. 그 관계는 이미 초등학생 때 모두 이루어져 있었기에 가능했다.

교육의 시작은 아이가 엄마를 이기려고 시도할 때 그것을 교육하기로 마음먹었으면 반드시 고집을 꺾는 것부터다. 아이가 세 살 이전에 부모 말의 힘이 아이 자신보다 더 세다는 것을 인지시켜야 한다. 아이 고집이 부모교육을 이겨버리면 앞으로의 교육은 점점 힘들어진다. 물론 이 과정에서 절대 빠져서 안 되는 것이 있다. 그것은 아이가 평소 부모 사랑을 진심으로 느낄 수 있도록 해야 한다. 사랑을 바탕으로 아이와의 신뢰 관계가 충분히 형성되어 있어야 한다. 또한 아이의 성향을 잘 파악해 성향에 맞는 적절한 교육을 시도해야 한다. 나의 두 아들은 거의 정반대 성향이어서 두 아들을 교육할 때 그 방식은 완전히 다르게 적용되었다.

생후 세 살까지의 성장 과정은 정말 놀랍고 신비롭다. 하루가 다르게 신체와 언어 능력이 발달하는 아이를 보며 부모들의 착각이 시작된다. 이 시기는 '내 아이가 혹시 천재!'라고 생각할 만큼 빠른 속도로 성장한다. 이때 부모 또한 연구와 학습을 통해 잠재력이 발휘될 수 있도록 아이의 성장을 제대로 도와야 한다.

도덕성 교육은
초등 시기까지

　사람은 어떻게 살아야 사람답게 잘 산다고 할 수 있을까? 교사라는 직업으로 인해 한 인간이 바르게 살아가는 삶의 과정에 관한 생각을 끊임없이 해왔다. 성장 과정에서 한 사람의 도덕성을 바르게 형성시켜 주면 건전한 사회의 기초가 된다. 그 이유는 개인이 삶을 긍정적으로 산다는 것은 사회를 건강하게 만들 수 있기 때문이다. 우리 가족이 도덕적 기준을 주제로 대화하다 보면 늘 '엄마가 좀 지나치다'로 끝난다. 나는 "엄마의 도덕적 기준이 높은 것은 사실이지만 그렇다고 다른 사람에게 강요하는 건 아니잖니?"라고 반박한다. 그러면 "강요하지는 않지만, 저희는 알고 있잖아요. 엄마가 기준을 낮춰 타인을 대한다 해도 엄마와 상대하는 사람들은 좀 힘들 거라는 생각이 들어요."라고 대답한다. 이 말은 인정할 수밖에 없었다.

　나는 항상 '상식적인 사람이라면 이 정도는 지켜야 하지 않을까? 양심에 꺼리는 행동은 하지 않는 것이 사람이지 않을까? 타인이 보든, 보지 않던 도덕적으로 문제시되는 행동은 하지 말아야 사람이라고 할 수 있지. 교사로서 학생을 교육하기 위해서 내가 도덕적으로 문제없어야지.'라는 생각을 바탕으로 생활했다. 학생들은 나의 생활 모습을 보면서 자기들을 향한 생활 교육을 수긍하며 잘 받아들였다. 이렇게 도덕적으로 강한 기준을 가진 이유를 진지하게 생각해 보았다. 유전적 요인과 환경적 요인이 나에게는 모두 작용했다. 친정아버지는 초등교사로 계실 때 매우 강직하고 바른 분으로 평가받았었다. 나의 어머니 또한 올곧은 성향으로 9남매의 맏며느리 역할을 훌륭하게 하시며 집안을 이끄셨다. 어머니는 외조부모님의 교육적 영향으로 그 시대 맏며느리로서 강한 희생정신과 더불어 바른길을 가고자 하는 성향이 강했다. 몸의 수고로움은 전혀 고려하지 않고 항상 마음이 편한 길을 선택하셨다. 이런 두 분의 큰 영향 덕분에 우리 형제들도 도덕적 기준이 강한 편이다. 아이들은 부모의 뒷모습을 보고 자라니 당연한 결과라고 여겨졌다. 나 또한 두 아들을 양육하면서 도덕적 인간으로 성장시키기 위해 무던히 노력했다. 현재 성인이 된 두 아들은 누구보다 건전하고 반듯하다. 우리 인생은 선택의 연속으로 이루어진다. 선택에는 단순히 개인적인 취향의 선택도 있지만 때에 따라 반드시 도덕적 요소가 포함되어야만 하는 선택도 많다. 기본 심성이 자리 잡기 시작할 때부터 도덕성이 자연스럽게 채워질 수 있도록 부모가 도와야 한다. 바른 도덕적 기준을 설정하고 아이가 성장할 수 있다면 부모도 양육 과정이 행복해진다. 도덕성이 낮은 아이는 과잉행동과 공격성을 보이기 때문이다.

도덕성은 어떻게 발달시킬 수 있을까? 부모의 애정, 관심, 수용적이고 개방적인 양육 태도, 가족 간의 유대감, 일체감 등은 도덕성 발달에 긍정적인 영향을 준다. 장 피아제의 도덕성 발달 단계(심리학용어사전, 2014, 4,

한국심리학회)를 다음과 같이 정리해 보았다. 참고하여 도덕성 교육을 실천하면 좋겠다.

5세 이전의 아동들은 전도덕기 단계에 해당하며 규칙에 관한 관심이나 이해가 없다. 이 시기의 아이는 옳고 그름의 차이를 알지 못하기 때문에 체계적으로 규칙을 따르지 않고 일관된 기준을 적용하며 놀지 못한다. 흥미와 재미로 놀이하는 게 일반적이다.

5~10세 아동들은 타율적 도덕성 단계로 규칙에 대하여 강한 존중을 보인다. 이 시기는 정의와 규칙은 변하지 않고 사람들의 통제 밖인 것으로 생각한다. 규칙은 어떤 상황에서도 변하지 않고 절대 침해해서도 안 되는 불변이라 느낀다. 규칙을 어기면 무조건 나쁘다는 생각이 강해 결과를 바탕으로 판단한다. 잘못된 행동을 했을 때 행동의 개선에는 별 관심이 없고 처벌에만 관심을 두게 된다. 인지 능력이 미성숙한 이 시기의 아이들은 권위적으로 어른의 말을 듣기를 요구할 때 그것을 규칙으로 알고 무조건 따라야 한다고 생각한다. 그래서 이 시기는 부모의 도덕성이 매우 중요하다.

10세 이상의 아동들은 자율적 도덕성 단계로써 인지 능력이 점차 발달하고, 성인의 통제로부터 어느 정도 자유로워진다. 또래들과 상호작용을 경험하면서 어른이 통제하는 것을 모두 따르지 않으려 하기 시작한다. 사람들이 관계 유지를 위해 필수적으로 지켜야 하는 약속이 규칙과 법이라는 걸 알게 되며 상황이 바뀌면 서로 합의하여 규칙이 바뀔 수도 있음을 이해하기 시작한다. 행위의 옳고 그름은 결과뿐만 아니라 의도를 고려하여 판단할 수 있다는 것도 안다. 그래서 잘못된 행동을 했을 때 처벌보다는 행동의 변화를 추구할 수 있어야 함을 인지한다.

장 피아제의 일반적인 도덕성 발달 이론에 관하여 연구를 계승한 후대 학자들은 아동의 도덕성 발달이 더 이른 연령대에서 나타난다는 것을 밝혀주었다. 내 아이의 상황을 보며 부모가 판단하고 아이를 교육하면 좋겠다.

학교에서 학생들을 교육할 때 항상 느꼈던 것은 아이들의 성장 과정에서 적절한 시기에 필요한 교육이 이루어져야 교육적 효과를 높일 수 있다는 것이다. 인성과 도덕적인 교육이 필요한 시기, 인지 교육이 필요한 시기 등 어떤 경우든 가장 적절한 시기에 적절한 방법으로 교육되어야 한다. 그래야만 부모도 아이도 힘들이지 않고 자연스럽게 교육적 효과를 최대화할 수 있다. 중등 교사로 근무하며 문제 있는 학생을 만날 때 정서 교육이든 학습 교육이든 열 살 이전에 제대로 된 교육이 이루어졌더라면 하고 아쉬울 때가 많았다. 그 학생들이 열 살 이전에 교육되었다면 문제 있는 학생이라는 꼬리표를 달지 않았을 것이기 때문이다. 안타깝게도 교육이 필요했던 어린 시기에 부모가 중요하게 생각하지 않고 지나쳤던 부분이 문제였다. 그것이 사춘기를 지나며 문제로 발생 되었다. 그래도 부모가 포기하지 않는 학생은 많은 시간과 노력이 더 필요하지만 대부분 자기 자리를 찾아 안정적으로 성장하는 걸 보았다. 아이들이 상처받고 힘든 과정을 거치지 않도록 부모가 어릴 때부터 적절하게 도와야 함을 명심하자.

되는 것과 안 되는 것은
확실하게

중학교에 근무할 때 3월 한 달은 우리 반과 나의 수업에 참여하는 학생들에게 기본 규칙을 정확하게 인지시키기 위해 노력했다. 학생들이 기준을 알아야 어떻게 행동할 것인지 스스로 알고 결정할 수 있기 때문이다. 또한 기준을 인지하고 있으면 잘못된 행동을 하거나 규칙을 어겼을 때 교육적인 지도를 잘 받아들이고 행동 변화를 위해 노력한다. 특히 학생들은 행동에 초점을 맞추고 교육하면 대부분 인정하고 잘 따른다. 물론 가끔 억지 부리며 엇나가는 학생도 있었지만, 북한도 무서워한다는 중학생이라 어쩔 수 없다. 그렇다고 이 학생들이 잘못을 모르는 게 아니다. 중학생이면 잘 · 잘못을 판단할 수 있는 인지 능력 정도는 가지고 있다. 사랑을 바탕으로 교육하고 기다리면 교육적인 효과는 분명히 나타났다. 이때 중요한 것은 교사의 일관된 태도이며 교사 자신이 항상 모범을 보여주어야 한다.

학교에서 교육할 때 나도 사람인지라 가끔 학생들을 오해하고 잘못된 판단을 할 때가 있었다. 그러면 그것을 인지한 순간 해당 학생에게 구체적인 내용을 말하며 사과했다. 학생들은 그런 나를 너그러이 받아주었고 더 좋은 관계를 형성하기 위해 서로 노력하며 지냈다. 그래서 퇴임하는 순간까지 학생들과의 관계는 좋았고 학생들에게 교육적으로 긍정적인 영향을 미쳤다고 생각한다. 교육적 효과를 높이기 위해 옳고 그름을 충분히 판단하는 중·고등학생에게도 학기 초에 명확하게 교육목표를 전달해 준다. 하물며 이제 막 세상을 배우기 시작하는 아이들에게 그 기준을 알려주어 지속적인 교육을 해야 하는 것은 당연하다. 무조건적인 '해라.'와 '하지 마라.'를 말하지 말고 왜 해야 하는지, 왜 하지 말아야 하는지 그 이유를 정확하게 알려주자.

작은아들이 세 살 때 처음으로 문제 행동을 보였고 그 과정에서 있었던 일이다. 우리 동네 자주 가는 슈퍼에 퇴근 후 작은아들을 데리고 물건을 사러 갔다. 내가 물건을 고르는 동안 작은아들은 당시 유행하던 조립식 캐릭터가 포함된 과자 상자를 들고 순식간에 도망갔다. 당황스러웠지만 슈퍼 주인께 아이가 가져간 물건값까지 계산하며 말씀드렸다. 아이를 데리고 올 테니 그렇게 행동하면 안 되는 이유를 분명하게 알려주시고 따끔하게 혼내시기를 부탁했다. 작은아들을 찾으러 갔더니 아이가 다니고 있던 우리 집 건너편 놀이방에 숨어 있었다. 행동이 왜 잘못되었는지 차근히 설명한 후 사과드리라고 했다. 작은아들은 혼자는 무서우니 내가 동행해 주기를 부탁했다. 물론 같이 옆에 있어 주겠다고 했다. 작은아들은 잘못된 행동에 대한 사과를 전하고 용서를 구했다. 약속대로 주인아주머니는 교육적인 말씀을 잘해주셨다. 그리고 용기 있게 사과하는 모습에 가지고 간 물건을 선물로 주시겠다는 마무리로 용서에 대한 교육도 이루어졌다. 이날 슈퍼 주인아주머니는 아이의 교육을 위해 나의 요구에 감사하게도 적극적으로 동참해 주셨다. 그 후로 작은아들은 그런 행동을 보이지 않았다. 또 한 번은 퇴근 후 낮에 아이를 돌보던 분과 함께 두 아들을 데리고 전통시장에 갔을 때 일이다. 필요한 물건을 구매할 때 아이가 귀엽다고 가게 주인이 사탕을 하나씩 주셨다. 한참을 걸어오다 보니 큰아들은 사탕을 쥐고 있는데 작은아들은 입에서 오물거리고 있었다. 작은아들에게 "사탕 껍질은 어디 있어?" 하고 물었다. 아이는 해맑은 표정으로 모른다고 했다. 나는 "너 길에 버렸지? 버린 곳으로 가 주워 와." 하고 단호하게 말했다. 아이는 오던 길을 되돌아가서 그 껍질을 주워 왔다. 왜 버리면 안 되는지 설명하고 쓰레기는 반드시 쓰레기통에 버려야 함을 인지시켰다. 그 일이 있고 얼마 후 출근길에 작은아들을 아파트 단지 안에 있는 유치원으로 등원시키던 중이었다. 등원길에 과자를 먹으며 쓰레기를 버리는 초등학생들과 마주쳤다. 아이들에게 쓰레기를 버리면 안 된다는 교육과 함께 버린 쓰레기를 줍도록 했다. 작은아들의 교육을 위해서 또한 그 아이들을 위해서 교육할 수밖에 없었다. 생활 속에서 가장 흔하게 접하는 쓰레기 처리에 대한 문제는 누구든 교육해야 한다.

세상을 막 접하는 유아기 때부터 기본 생활 교육을 철저히 해야 하는 이유는 평생 습관으로 이어지기 때문이다. 초등학생이 되기 전에 반드시 이루어져야 하는 게 기본 생활 습관 교육이다. 유치원 다니는 아이에게 지적 학습을 요구하는 것은 잘못이다. 이 시기는 놀이를 통해 즐겁게 익히는 수준이면 충분하다. 엄마의 교육관이 바르면 아이들은 바르게 성장한다. 유아 시기는 바른 품성을 기르며 정서와 인성을 교육해야 한다. 부모의 욕심을 바르게 사용하자. 분명한 철학으로 부모 자신이 생활 속에서 실천하고 모범을 보이며 아이에게 안내하자. 아이는 스스로 성장하는 힘을 가지고 있으므로 바르게 안내만 해도 훌륭하게 성장하는 모습을 보여준다.

작은 성취 경험들이
아이의 성장을 도와요

아이가 혼자 처음으로 하는 경험은 무궁무진하다. 밥을 먹을 때, 옷을 입고 단추를 채울 때, 신을 신을 때 등 우리는 아이의 첫 경험을 무수히 접하게 된다. 태어나 스스로 하는 모든 행동이 처음일 텐데 어설프고 불안해 보이는 게 당연하다. 처음부터 잘하는 사람 있으면 나와보자. 부모는 아이의 첫 시도를 지지하고 기다려 주어야 한다. 입으로 가는 밥보다 바닥에 주는 밥이 더 많더라도, 옷의 단추를 한 구멍씩 내려 채우더라도, 왼쪽 신을 오른쪽에 신더라도 박수를 쳐 주며 격려하자. 방법을 안내해 주고 혼자 힘으로 해내는 것을 지켜보며 기다려 주자. 물고기를 잡아주는 게 아니라 잡는 법을 가르치자.

우리는 아이의 어설픈 행동을 참지 못하고 부모가 대신 해주기를 꺼리지 않는다. 내 아이의 성취 경험을 부모가 빼앗는 행동을 아무렇지도 않게 할 때가 많다. 시간에 쫓기거나 일이 많아진다며 각종 이유를 붙여가며 아이의 귀중한 성취 경험을 빼앗아 버린다. 아이들은 용기 내어 하는 첫 시도가 성공적이면 스스로 뿌듯해하며 성취감을 강하게 느낀다. 이런 작은 성취감을 계속 느끼며 성장하는 아이들은 자신을 긍정적으로 생각하고 스스로에 대한 신뢰를 쌓아간다. 자신에 대한 신뢰는 스스로 계획하고 실천하며 목표를 이루고자 하는 삶의 태도를 만들어 준다. 자기 주도적 삶의 태도를 만드는 기초를 쌓아가는 것은 열 살 이전에 이루어진다. 열 살 이후도 이러한 기초 교육이 가능하기는 하다. 다만 의도적인 노력과 시간을 투자하며 더 힘든 과정을 거쳐도 효과는 그 기대에 미치지 못한다. 그래서 모든 교육은 아이의 성장 시기에 맞도록 적기에 이루어져야 한다. 숨을 쉬고 밥을 먹듯 자연스럽게 습득하고 받아들이게 부모가 그 역할을 해야 한다. 한마디로 부모의 욕심과 조급함을 내려놓고 서서히 스며드는 교육을 적기에 해주며 기다려야 한다.

그러면 작은 성취를 자주 느낄 수 있도록 부모가 도와줄 방법은 어떤 것이 있을까? 우선 아이가 무엇을 하고자 하는 의지를 보일 때 불안해하지 말고 지켜보는 태도를 가지자. 위험한 물건이나 상황을 먼저 정리해 놓은 다음 아이가 활동하도록 한다면 불안해할 필요가 없다. 앞에서 말한 것처럼 부모가 대신해 주는 행동은 아이의 의욕을 꺾어버리고 자신을 믿지 못하게 만든다. 아이에게 '나는 아무것도 할 수 없는 존재이고 도움이 없으면 안 되는구나.'라는 의식을 심어줄 뿐이다. 나의 소중한 아이를 그렇게 만들고 싶지 않다면 아이가 다양한 시도를 할 수 있게 도와주자.

장난감 제공도 체계적으로 할 수 있도록 신경 써보자. 주변에서 선물해 주는 로봇이나 인형 등은 몇 개만 있어도 충분하다. 아이가 특정 장난감에 몰입되어 감정적으로 동질화되지 않는 한 대부분 완성품으로 제공되는 장난감은 순간의 놀잇감일 뿐이다. 이야기를 구성하며 스스로 만들고 그 속에서 주인공이 되게 해보자. 아이들이 상상의 나래를 펴며 놀 수 있도록 도와주자. 나는 두 아들이 손으로 무엇인가를 잡기 시작할 때부터 블록을 제공했다. 처음에는 잡는 것만으로 손의 힘을 기를 수 있게 도와주었다. 손동작의 정밀도에 따라 점점 블록의 크기를 작고 섬세한 것으로 바꿔주었다. 두 아들은 성장하면서 처음부터 가졌던 큰 블록부터 아주 작은 손톱 크기의 블록까지 이용하여 놀았다. 자신들의 세계를 방 안 가득 만들어 놓고 둘이 열심히 이야기하며 놀기를 즐겼다. 두 아들은 당시 유행하던 레고의 다양한 조립 제품을 원했다. 그것을 받으면 형제는 조립 설명서를 보고 완성한 후 나에게 자랑했다. 그런 후 부숴버리고 그때부터 기존 블록들도 같이 이용하며 자신들의 세계를 만들었다. 그렇게 만든 블록의 세계는 다양하다. 자신들이 옛 기사가 되어 마을 사람들과 성을 지키기 위해 싸우는 전쟁 이야기, 우주 공간을 만들어 우주에서 벌어지는 모험 이야기, 여러 형태의 자동차를 만들어 경주하는 활동 등 여러 주제로 재미있게 놀았다. 아직 어리고 경험이 많지 않은 두 아들이 어떻게 복잡한 건물과 각종 도구를 만들고, 이야기를 구성하며 놀 수 있는지 신기했다. 두 아들의 놀이에 동참하며 궁금한 것을 물으면 아주 신난 표정으로 자랑스럽게 설명해 주었다. 그럴 때면 뿌듯한 감정으로 성취감에 취해 말하는 아이들을 보는 것이 행복했다.

아이가 노는 활동 과정에서 무엇인가 시도하고 그 시도를 통해 성공하는 경험을 느끼도록 장난감을 제공해 주자. 장난감으로 새로운 것을 만들고 이야기를 구성하는 과정에서 아이들의 창의성은 한층 자라게 된다. 나는 아이가 무엇인가를 조립할 수 있는 시기부터 완성품으로 된 장난감을 구매해 본 적이 없다. 장난감을 만들어 노는 활동은 세상에 자신들의 하나뿐인 놀이가 되었다. 그 놀이는 창의성을 자극하는 데 큰 도움을 주었다고 생각한다. 더불어 블록으로 여러 형태의 대상을 만들면서 마주하게 되는 문제들을 스스로 해결하는 능력도 향상되었으며 끈기도 생겼다. 그 속에서 스스로 느끼는 성취감을 통해 자존감이 높아지는 효과도 있었다. 상상을 바탕으로 구체적인 형태를 만들기 위해 대상을 관찰하고 특징을 파악할 수 있는 능력 향상은 덤이었다.

블록과 더불어 퍼즐도 우리 아이들의 즐거운 놀이 도구가 되었다. 유아기부터 시작한 퍼즐 역시 손동작과 두뇌의 발달 정도에 따라 8조각부터 시작해 1,000조각까지 제공해 주었다. 나는 지금도 500조각의 시장 그림 퍼즐을 맞춘 큰아들의 일곱 살 때를 잊지 못한다. 손톱만큼 작고 많은 사람과 난전 모습이 비슷한 색감으로 빼곡하게 그려진 시장 풍경이라 맞추기가 쉽지 않은 퍼즐이었다. 큰아들은 유난히 퍼즐 맞추는 것을 좋아해 제법 복잡한 것도 쉽게 맞추기는 했다. 하지만 이 퍼즐은 상당히 힘들 것이라 예상했었다. 그런데 이 녀석이 황당한 방법을 사용하며 맞췄다. 퍼즐 판을 얌전히 엎은 뒤 하나씩 순서대로 뒤집어 맞춰보는 것이다. 모두 뒤집어 그림이 완성되자 이번에는 완전히 섞었고 모서리 부분을 찾아 맞추기 시작했다. 그 퍼즐을 완벽하게 맞춘 아이는 퍼즐에 몰입하던 얼굴을 들어 빨갛게 달아 있는 모습으로 나를 보았다. 빛나는 얼굴로 자랑스럽게 완성한 퍼즐을 보여주며 만족한 표정을 지었다. 몇 시간 동안 집중하며 퍼즐을 맞춰낸 일곱 살 유치원생이던 큰아들의 인내심에 나는 감탄했다. 아마도 유아 때부터 경험한 작은 성취에 대한 많은 기억이 아이를 집중할 수 있도록 만들었다고 생각한다. 큰아들이 놀던 블록과 퍼즐은 작은아들에게로 넘겨졌다. 큰 아들은 더 복잡하고 새로운 블록과 퍼즐을 구매해 동생과 같이 놀았다. 나도 아이들과 그 놀이 속에 참여하며 아이들의 이야기에 빠져들었다. 어떤 날은 아주 복잡한 퍼즐을 맞추기 위해 시간 가는 줄 몰랐다. 퍼즐 판에 서로 머리를 맞대고 있다가 식사 시간을 놓치기도 했다. 이런 놀이를 통해 두 아들은 성취하는 기쁨을 맛보며 유아기부터 자신에 대한 신뢰를 쌓아가고 있었다.

스스로 문제를 해결해 본 경험, 처음부터 끝까지 완성해 본 경험 등의 성취 경험이 하나하나 쌓여가다 보면 아이는 자기 주도적인 성향으로 변한다. 그래서 인생의 주인공으로서 역할을 다할 것이다. 성취감을 느껴본 사람은 더 큰 성취를 이뤄내기 위한 힘을 자기 내부로부터 찾을 수 있다. 이런 사람은 성취 과정에서도 노력을 아끼지 않는다. 설령 여러 번의 시도에 성공하지 못해도 반드시 성취할 수 있다는 자신에 대한 믿음을 가지고 있다. 자신에 대한 믿음이 있는 사람은 그 과정을 참고 이겨내는 힘이 있으므로 포기하지 않는 삶을 산다.

에디슨은 이런 말을 남겼다. "나는 실패한 적이 없다. 그저 작동하지 않는 10,000개의 방법을 발견했을 뿐이다."

⑥

아빠! 다음은 어떻게 돼요?

(상상력) (창의력 자극)

아이들 잠자리를 다른 공간으로 분리하기 시작한 시기는 작은아들이 막 두 돌을 지날 때였다. 두 아들에게 자기들 방을 만들어 주고 둘이 같이 자게 했더니 우리와 분리되는 걸 많이 어려워하지 않았다. 큰아들이 네 돌이 지나면서 27개월 차이 나는 동생과 함께 아이들 방에서 자게 했다. 잠자리 분리는 아이들과 미리 이야기했었고 동의하에 이루어졌다. 잠자리에 들 때 아이들이 안정감을 느끼게 하는 활동을 함께해 주었다. 평일 잠자리 활동은 내가 꿈나라로 이끌어 주었다. 깨끗하게 목욕을 시킨 후 잠자리에 들어 책을 읽거나 이야기를 해주면 아이들은 별 투정 없이 잘 잤다.

남편은 인문계 고등학교에서 담임을 맡았다. 당시 고등학교는 야간 자율학습을 실시하는 게 일반화되어 있었다. 담임이던 남편은 당연히 야간 자율학습 지도를 해야만 했다. 항상 밤 10시 30분 이후에 퇴근할 수밖에 없는 환경이었다. 평일에는 남편이 아이들과 보낼 수 있는 시간이 부족했다. 대신 주말과 일찍 퇴근할 수 있는 날은 두 아들에게 진심을 담아 같이 시간을 보내주었다. 특히 두 아들이 좋아한 것은 잠자리에서 듣는 아빠의 이야기였다. 남편의 이야기는 우리나라 전래동화나 세계 여러 나라의 동화 주인 공들이 같이 등장했다. 여러 주인공이 함께 활동하는 다양한 이야기로 재구성하여 들려주는 게 특징이었다. 그러다 보니 책으로 접하는 내용이 아닌 새로운 이야기를 듣게 되었다. 두 아들은 아빠의 이야기를 너무 좋아했고 이야기를 들으며 꿈나라로 떠났다. 다음 날 밤이면 아빠 이야기를 이어서 듣기를 기대했다. 항상 이야기는 끝나지 않았고 아이들은 궁금해했다. 주로 주말 밤에 아빠와의 잠자리가 이루어졌다. 잠자리에 들면 아이들은 "아빠! 그래서 그다음에 어떻게 돼요?"로 시작했다. 남편은 다시 즉흥적으로 이야기를 구성해 가며 행복한 꿈나라로 안내해 주었다.

그 당시는 남편의 이야기가 황당하고 웃겼었다. 지금 생각하면 그런 활동이 아이들에게 아주 긍정적으로 작용했다고 생각한다. 내가 해주지 못한 상상력과 창의력을 자극하는 활동을 남편이 훌륭하게 해주었다. 남편은 아이들을 아주 즐겁게 하는 활동을 창의적으로 다양하게 만들어 놀아주었다. 놀이를 통해 승부 욕구를 적절하게 자극했고 끊임없이 도전하도록 만들었다. 이런 활동으로 자연스럽게 아이들의 성장을 이끌었다. 남자아이의 특성을 잘 이해하고 활용해 교육적 효과를 높였다.

식사를 방해해 죄송합니다

공공질서

사내아이를 키워본 경험이 있는 부모는 3~6세 사내아이와 함께 식당에 가는 일이 거의 모험에 가깝다는 사실에 공감할 것이다. 얌전하게 부모 말을 들어줄 생각은 조금도 없다. 호기심과 장난으로 똘똘 뭉친 이 시기의 남자아이는 세상 모든 게 신기하고 심심한 것을 참지 못한다. 그래도 우리의 현실은 아이와 함께 식당을 방문할 수밖에 없다. 외식 때는 항상 신경 쓰여 식당 방문 전에 얌전하게 식사하도록 식사 예절을 정말 열심히 교육했다. 끊임없는 교육 덕분이었는지 대부분은 두 아들을 통제할 수 있었다. 하지만 그날은 난감한 상황을 맞게 되었다.

우리 이웃에 거주하시는 친정 외삼촌 부부와 식사하는 날이었다. 가끔 외숙모는 맞벌이하는 나를 위해 우리 가족을 댁으로 초대해 맛있는 식사를 해주셨다. 그리고 여러 가지 챙겨주시기도 하셔서 보답하는 마음으로 모신 자리였다. 즐겁게 식사하며 환담하고 있는데 갑자기 두 아들이 식당 안을 뛰어다녔다. 급하게 식사 마무리를 하고 두 아들을 잡으러 갔다. 두 녀석은 도망 다니면서 아주 신이 났다. 남편은 외삼촌 부부를 모시고 먼저 나갔고 나는 두 아들을 붙잡아 앉힌 후 훈계를 시작했다.

"식당에 여러분들이 식사하고 계시는데 너희가 뛰어다니면 어떻겠니?"

"…."

"너희가 뛰어다니면 먼지가 나기도 하고 시끄러워 정신이 없게 돼. 그러면 음식이 맛이 있겠니? 여기 계신 분들의 즐거운 식사를 망치면 될까? 또 식당 주인은 너희로 인해 손님들로부터 항의를 받을 거야. 조용히 맛있는 식사를 하고 싶은 손님들께 너희는 큰 피해를 준 거야. 어떻게 생각해?"

"잘못했어요."

"왜 그런 행동을 했지? 엄마가 그만하라고 하는데 도망가고."

"그냥 재밌어서 장난으로 그랬어요."

"너희 재미를 위해 다른 사람에게 피해를 주면 되겠니?"

"아니요. 잘못했어요."

"그러면 너희가 지금 어떻게 해야 할까?"

"잘못했다고 말씀드려야 해요."

"그래 그래야겠지. 식당 손님들께 식사 방해해서 죄송하다고 정중하게 사과드리자. 식당 주인께도 곤란하게 만들어서 죄송하다고 말씀드리자."

"네. 그런데 엄마가 옆에 계셔 주시면 안 돼요?"

"알았어. 너희가 바르게 행동하지 못한 것은 엄마도 잘못이 있으니 당연히 옆에 있어야지."

그렇게 말하고 테이블마다 다니며 아이들은 죄송하다고 사과 말씀을 드렸다. 앞으로 다시는 그렇게 하지 않겠다고 말하는 아이들 옆을 나는 지켜주었다. 식당 주인께도 죄송하다고 고개 숙여 사과하는 모습을 보였다. 그날 식당 안의 손님들과 식당 주인께서는 아이들의 사과를 흔쾌히 받아주셨다. 사과하는 모습을 용감하다고 칭찬까지 해주셨다. 한참 지난 시간에도 우리가 나오지 않아 남편과 외삼촌 부부는 식당으로 다시 오셨다. 나와 두 아들이 식당에서 손님들께 사과하고 있는 행동을 목격하고 웃었다.

아이들이 낯선 사람들 앞에서 벌을 서고 혼 나면 상처가 될까? 나는 아니라고 생각한다. 물론 평소 부모와 관계 형성이 잘되어 있어 존중받고 있다는 느낌이 전제되어야 한다. 그러면 아이는 자신이 한 행동에 대한 잘못만 생각하고 판단하게 된다. 부모 또한 흥분하지 않고 문제 행동에 대한 부분만을 교육한다면 아무 문제 될 게 없다고 자신한다. 문제 행동을 보고도 아무런 조치를 하지 않으면 그것이 문제 된다. 아이를 비난하라는 것이 아니다. 그 행동이 왜 문제가 되는지 인지시키고 피해 본 대상이 있다면 반드시 사과하게 해야 한다. 또한 다시는 반복하지 않도록 교육하면 된다. 잘못을 알게 되었을 때 자기 잘못을 인정하고 사과하는 용기 있는 태도의 중요성도 교육할 수 있다.

그날 아이들이 식당에서 한 행동으로 다른 사람에게 어떤 피해를 주었는지에 초점을 맞추고 잘못된 행동에 대한 사과는 진심으로 상대에게 전달해야 함을 가르쳤다. 또한 그 생각을 행동으로 옮기는 것은 매우 용기 있는 태도라고 교육했다. 나는 잘못을 안 순간 인정하고 반성할 줄 알며, 대상이 있다면 진심으로 사과해야 용기 있는 사람이라고 생각한다. 이런 교육을 통해 아이들이 잘못을 반복하지 않고 행동 변화를 위해 노력하는 태도가 중요하다.

엄마가 좋아? 이모가 좋아?

진정한 사랑의 힘

어른들의 짓궂은 질문 중 하나가 '엄마가 좋아? 아빠가 좋아?'다. 아이들에게는 참으로 대답하기 곤란한 질문이다. 우리가 맞벌이인 걸 알고 계시는 주변 분들이 아마도 우리 두 아들에게 관심이 많았던 것으로 보였다. 이사 간 아파트에서 우리 집은 18층이었다. 이사한 지 일 년쯤 지났을 때 두 아들은 다섯 살, 일곱 살이었다. 두 아들을 낮에 돌보던 분이 5층에 살고 있어 아파트 라인에서 우리는 몰라도 아이들은 모두 알고 계셨다. 평소 어른들을 만나면 아이들이 워낙 인사를 잘해 그냥 알게 되었다고 생각한다.

이 아파트로 이사 와서도 처음에는 태어나면서부터 만난 분께 계속 맡겼다. 그분은 그 긴 세월 동안 친자식 이상으로 돌봐주셨다. 그냥 믿고 맡길 수 있는 분이 계셔서 마음 놓고 직장생활을 할 수 있었던 나에게는 언제나 감사한 분이다. 두 아들이 네 살, 여섯 살이던 여름에 우리 집과 그분 댁이 동시에 이사했다. 이사 후에도 출근하면서 두 아들을 데려다주고 출근하기를 6개월 동안 이어갔다. 그러던 중 내가 학교를 이동해 다른 도시로 가게 되었다. 그래서 그분 댁까지 두 아들을 데려가기 힘들어 같은 아파트에서 아이

돌보미를 구해야 했다. 그렇게 만난 분이 같은 라인에 거주하시던 분이다. 당시는 공지문을 게시판에 붙여 사람을 찾던 시절이었다. 공지문을 본 사람들로부터 몇 통의 전화를 받았다. 그중 이분의 목소리와 말씀 내용이 너무 따뜻해 만나자고 했더니 같은 라인에 살고 계셨다. 우연히 좋은 분을 이렇게 가까이서 만나게 된 게 복이라 생각하며 감사한 마음이었다. 그렇게 시작된 인연은 가끔 가족이 서로 만나 식사하는 다정한 이웃이 되었다.

두 아들은 이모라고 부르며 잘 따랐고 이 댁의 안방이 자기들 안방같이 생활했다. 아이들 마음이 편하지 않았다면 그렇게 행동하지 못했을 테니 그분이 얼마나 따뜻한 분이었는지 알 수 있었다. 아파트 라인의 주민들은 5층 이모 덕분에 부모인 우리보다 인사 잘하는 아이들을 먼저 알고 있었으며 아주 예뻐해 주고 계셨다. 하루는 아파트 엘리베이터에서 평소 인사를 나누고 지내던 분을 만났고, 그분이 말씀을 전해주셨다. 엘리베이터에서 누군가 5층 이모와 같이 있던 아이들을 보고 "엄마가 좋아? 이모가 좋아?"라고 물었다고 했다. 그랬더니 큰아들이 "저는 이모도 좋지만, 이 세상에서 엄마가 제일 무섭고도 제일 좋아요."라고 답했다고 한다. 같이 있던 사람들이 이 말에 놀라면서 신기해 했다고 그분이 전했다. 보통 아이들은 그냥 누가 더 좋다고 하거나 둘을 모두 좋다고 표현한다. 이런 표현은 잘하지 않으므로 어른들이 신기했던 모양이었다.

큰아들이 왜 이렇게 대답했을까를 생각해 보았다. 아마 내가 아이들에게 되는 것과 안 되는 것에 관한 뚜렷한 기준을 정확하게 교육했기 때문이라고 생각되었다. 안되는 것은 어떤 경우라도 허용하지 않았고 잘·잘못에 대한 교육이 분명했기 때문에 무서워했을 것이다. 대신 많이 안아주고 같이 활동하며 지지해 주었다. 두 아들은 엄마에게 충분한 사랑을 받고 있다고 생각해 그런 표현을 하지 않았을까 여겨졌다.

아이들은 자기를 좋아하는지 싫어하는지 본능적으로 안다. 부모가 자신을 믿고 사랑한다는 걸 알면 어린 아기라 하더라도 불안해하지 않는다는 것을 경험으로 느꼈다. 특히 부모의 믿음이 강하면 아이도 흔들리지 않고 자기의 삶을 긍정적으로 생각하며 잘 살아갈 수 있다.

⑨

거짓말!

（관심의 중요성）

말하는 순간 거짓말이 탄로 나게 되는 아이가 큰아들이다. 천성적으로 남을 속일 수 없는 성향이다. 물론 성장하면서 조금씩 달라졌겠지만 그래도 바탕은 남아 있어 성인이 된 지금도 다른 사람을 속이지 못한다. 스스로가 그럴 생각도 없다. 성장 과정에서 아이가 무슨 생각을 하고 있는지 대충 얼굴에 나타나 대응하기도 수월했다. 두 아들은 엄마가 자기들에 대하여 모르는 게 없다며 한탄할 때가 많았다. 자기들이 무슨 생각을 하고 어떤 행동을 하는지 전부 알고 있다며 어떻게 그렇게 잘 알고 있냐고 한다. 나는 "엄마는 안테나가 많거든. 너희가 학교에서 어떻게 하는지 다 보여. 집으로 오면서 무슨 행동을 하는지도 알 수 있지. 곳곳에 안테나가 있어 작동한단다."라고 말했다. 이 말에 초등학교 저학년이던 두 아들은 믿는 눈치다. 그렇다고 해서 내가 아이들을 통제하고 따라다니며 잔소리하는 스타일은 아니다. 그저 지켜보다 영 아니다 싶은 순간에 말한다. 그것은 나의 부모님께서 교육하시던 방법이었다. 친정어머니는 우리를 온 마음을 다해 보살펴 주셨다. 사랑과 관심으로 지켜보시며 행동과 마음을 읽고 계셨다. 내 부모님은 이렇게 우리를 모두 파악하고 계셨다. 그러면서 우리가 원하는 방향으로 성장해 가는 과정을 믿고 지지해 주셨다. 그 과정에서 우리는 스스로 기준을 정하며 행동하게 되었고 그 행동에 대한 책임을 생각하며 자라왔다. 어떤 때는 부모님께서 생각하시는 기준보다 내가 정한 기준이 더 엄격했었다는 것도 알게 되었다. 그 경험은 내가 아이를 양육하는 데 큰 도움이 되었다.

작은아들의 남을 속이고자 하는 의도적인 행동이 처음 시작된 것은 유치원에 다니기 시작한 여섯 살경이었다. 아침에 유치원 등원 시 점심 식사를 배식받기 위한 빈 도시락과 수저를 준비해 주었다. 어느 날 작은아들이 유치원 가방에서 그 도시락과 수저를 꺼내 설거지하는 나에게 주었다. 그런데 똑같은 모양의 수저통이었지만 작은아들 게 아니었다. 작은아들 수저통은 지퍼 꼭지가 떨어져 없었는데 이것은 멀쩡했다.

"이거 네 거 아니잖아?"

"제 거 맞는데요."

"네 거는 지퍼 꼭지가 없는 거잖니."

"어 그러네." 그렇게 말하는 아이를 보니 알고 있었던 느낌이 들어 다시 얘기했다.

"네 거 지퍼가 고장 나 다른 친구 거 바꿔왔지?"

"아닌데 내 건 줄 알았는데." 자신 없는 목소리로 말했다. 그래서 좋은 말로 타일렀다.

"내일 유치원 가면 친구에게 잘못 가져갔다고 말하고 다시 바꿔 올래?"

"네."

작은아들의 이런 경우의 사건은 간간이 일어났고 그것이 잘못된 행동임을 끊임없이 주지시켰다. 하루는 같은 유치원에 다니는 작은아들 친구 어머니로부터 전화를 받았다.

"진영이 엄마시죠? 민근이 엄만데 망설이다 전화했어요."
"네. 말씀하세요. 무슨 일이에요?"
"진영이 유치원 가방이 우리 집에 있는데 가져가실래요. 그리고 이 말씀은 드리기 조심스러운데 진영이 돌보시는 분이 너무 신경을 쓰지 않는 것 같아요."
"혹시 지금 시간 되세요? 제가 댁으로 가서 말씀 나눠도 될까요?"
"네. 그렇게 해도 돼요."

느낌이 이상해 만나서 이야기를 들어보고 싶었다. 내용은 유치원을 마치면 아이가 바로 친구 집으로 온다는 것이었다. 몇 번 그렇게 받아주다 안 되겠다는 생각이 들었다고 한다. 그래서 작은아들에게 "이모(당시 아이를 돌봐주던 세 번째 분 호칭) 집에 가서 말하고 다시 와라."라고 말하며 보냈다고 한다. 그 말에 작은아들은 이모 집에 다녀온 뒤 친구와 함께 잘 놀았다고 했다. 작은아들이 집으로 돌아갈 때 그 댁 아들도 배웅을 위해 같이 나갔다고 한다. 그 엄마는 자기 아들에게 할 말이 있어 문을 열었고 순간 놀라운 광경을 보게 되었다고 했다. 작은아들이 아파트 계단 문 뒤에서 유치원 가방을 가져오더라는 것이다. 그 모습에 너무 황당해서 할 말이 없었다고 한다. 그 일이 있고 난 뒤 또 그 친구 집에서 놀다가 가방을 두고 온 것이다. 돌아와 아이 돌보미 이모를 만났다. 그런 상황을 이야기하며 확인했더니 절대 그런 일이 없었다고 했다. 항상 마치고 집에 먼저 왔다가 친구에게 간다며 펄쩍 뛰었다. 누가 거짓말을 하는지 보였다. 작은아들 돌보미께 아이가 잘못하면 훈계하고 훈계 과정에서 벌을 세우거나 회초리를 들어도 괜찮다고 말했다. 그런데 그분은 "남의 아이를 어떻게 그렇게 하나?"라고 답했다. 나는 "어른이 어른 역할을 해 주셔야지 남의 아이라 못한다고 하면 못 맡깁니다. 어떻게 믿고 맡기겠어요." 하고 말했다. 그분은 "나는 그렇게 못한다." 하고 답변했다. 내 아이처럼 사랑이 바탕이 되어 있다면 훈육 과정에서 아이를 혼낼 수 있어야 당연하다고 생각한다. 아이에게 사랑이 없으면 무관심으로 나타나기 때문이다.

첫 번째, 두 번째 만났던 아이 돌보미 두 분은 정말 좋았다. 두 번째 분은 1년간 돌봐주시고 사정이 생겨 세 번째 분을 소개로 만났다. 그런데 1년도 안 돼 이런 문제가 발생했다. 결국 아이가 일곱 살이 되면서 유치원 종일반으로 옮기고 그 돌보미와 인연을 끝냈다. 작은아들의 행동에 문제가 생길 것을 염려해 교직 생활을 접을 것까지 심각하게 고민했던 한해였다. 현재처럼 초등학교 입학 전·후에 대한 휴직 제도는 없었기에 퇴직까지 생각했었다.

작은아들은 일곱 살 때도 간간이 사건을 일으켰다. 큰아들은 한 번도 정해진 시간이나 해야 할 일을 놓치지 않았다. 그런데 작은아들은 가끔 학원으로부터도 전화를 받았다. 피아노 학원 선생님과 상담 중 작은아들이 잔꾀를 많이 부린다는 사실을 알게 되었다. 음표 그리는 걸 하기 싫으면 한 페이지에 크게 그리거나 아예 노트를 까맣게 연필로 칠해 놓는다는 것이다. 그러다 피아노에 엎드려 자기도 한다고 했다. 이미 작은아들의 상태와 성향을 알고 있던 나는 걱정스러웠다. 작은아들은 머릿속에 무슨 생각을 담고 있는지 항상 살펴야 했다. 그런 와중에 피아노 학원에서 아이가 오지 않았다는 연락을 또 받았다. 그 앞날도 귀가 시간에 오지 않아 큰아들이 찾으러 나섰다. 문방구 앞 오락기에서 다른 아이들이 게임하고 있는 모습을 구경하던 아이를 데려왔다. 전화 받은 날도 겨울이라 컴컴해졌는데도 귀가하지 않아 큰아들이 그 장소에서 데려왔다. 집에 온 아이를 거실 입구에 꿇어앉히고 벌을 세우며 피아노 학원에 가지 않은 이유를 물었다. 그런데 아이는 학원에 갔다는 것이다. 황당했다. 계속 추궁하니 아이는 "엄마는 왜 나를 못 믿어요." 하고 말했다. 그리곤 눈을 마주치며 똑바로 본다. 순간 나도 '내가 아이에게 지나치게 하고 있나?' 생각이 들 정도였다. 그런데 선생님으로부터 전화를 받았으니 가지 않은 건 분명했다. 어쩌나 하는 마음이 들었지만 한 번 더 다그쳤다. 나는 "너 맞고 바른말 할래?" 하고 말했다. 아이는 그제야 울면서 피아노 학원 문을 열어보니 선생님이 안 보여 그냥 왔다는 것이다. 어쨌든 가기는 갔다고 했다. 어이가 없었다. 그러면 학원에서 나와 어디 있었냐고 물었다. 작은아들은 다른 아이들이 하는 오락이 너무 하고 싶어 구경했다고 한다. 그러면서 한 번만 해보면 안 되냐고 이 상황에서 오히려 내게 요구까지 했다. 너무 기가 막혀 100원짜리 동전 다섯 개를 손에 쥐어 주며 마음껏 하고 오라고 등을 떠밀었다. 그런데 작은아들은 100원만 있으면 된다는 것이었다. 다 쓰고 오라며 아이를 내보냈고 아이는 200원을 사용하고 돌아왔다. 그 뒤로는 오락기 앞에서 구경하는 일이 없어졌다. 정말 한번 해보고 싶은 마음이 강했었는가 보았다.

이렇게 작은아들은 정말 내 눈을 똑바로 보면서 거짓말을 하는 상황이었으니 얼마나 마음 쓰며 양육했는지 모른다. 당시는 매일 잠을 재울 때 거짓말의 문제점에 대하여 교육했다. 동화책을 이용하거나 우리 생활 속에서 주제를 찾아 이야기하기도 했다. 작은아들은 정말 아이와 머리싸움 하며 연구하고 키웠다. 지금 와 생각해 보니 자기 생각을 겉으로 드러내지 않았지만, 아이의 머릿속은 온갖 상상으로 채워져 있었던 것 같다. 이런 아이를 돌볼 때 부모는 지속적인 관심을 가지고 살펴야 한다. 그래야 큰 문제로 발전될 수 있는 순간을 포착하고 제대로 교육할 수 있기 때문이다.

❿

용감한 사람!

(인정과 반성)

일곱 살부터 아파트 단지의 피아노 학원에 큰아들이 다녔다. 학원에서는 아이들을 가르칠 때 1시간 분량을 정해 연습을 시키는 게 보통이다. 아이가 다닌 학원도 마찬가지로 1시간 연습 분량과 횟수를 정하고 연습을 시켰다. 평소 큰아들은 연습해야 하는 횟수만큼 쉬지 않고 열심히 해서 목표를 이루고자 하는 태도가 강했다. 그 대신 자기 목표를 다 했음에도 더 요구할 때 하기 싫으면 반발하는 모습을 보이기도 한다. 유치원생이라고 하기에는 자기 태도가 너무 분명해 아이의 특성을 이해하지 못하면 어른들도 다루기 힘들 때가 종종 있다. 한 번씩 큰아들은 자기 생각에 약속한 만큼 성실하게 했는데 더 요구하는 게 부당하다고 여길 때 싫다는 뜻을 분명하게 밝힌다.

이런 큰아들의 성향으로 인해 피아노 학원에서 문제를 일으켰다. 하루는 피아노 선생님으로부터 연락을 받았다. 아이를 지도하는 과정에서 문제가 생겨 얼굴에 상처가 났다는 것이다. 사정을 들어보니 분량을 정해 피아노 연습을 시켰는데, 보통 아이들은 1시간 동안 할 분량을 큰아들은 쉬지 않고 거의 30분 정도에 마쳤다고 한다. 시간이 남아 분량을 더 주며 연습하기를 원했고 그 과정에서 아이는 싫다며 난동을 피웠다고 했다. 아이를 진정시키다 선생님 손목시계에 얼굴이 긁혀 상처가 생겼다며 죄송하다고 사과했다. 나는 아이가 선생님께 그런 식으로 덤비는 건 잘못된 일이니 따끔하게 혼내 달라고 부탁했다. 지도 선생님은 아이가 너무 열심히 해 욕심이 생겼다고 하셨다. 또 레슨 시간도 남아 분량을 더 시키게 되었지만, 아이는 부당하게 생각했을 거라고 했다. 아이와 차분하게 이야기한 후 상처치료 연고를 보내겠다고 하셨다. 그러면서 한 번 더 사과 말씀을 전해왔다. 학원에서 돌아온 아이 얼굴에는 약간 상처가 생겨 있었다. 그래도 시간이 지나면 괜찮아질 것으로 보여 걱정하지 않아도 될 정도였다. 자기주장이 강한 큰아들은 어리지만 다루기가 쉽지 않다는 걸 알기에 선생님 마음도 이해했다. 큰아들과 학원에서 일에 관하여 이야기를 나누었다.

"왜 그런 행동을 했을까?"

"엄마! 나는 열 번 연습하라고 해서 정말 열심히 했단 말이에요. 그런데 또 다른 거를 더 하라고 하시잖아요. 다른 애들은 놀며 쉬며 하는데 나는 빨리 끝내려고 진짜 열심히 했단 말이에요."

"그랬구나. 그런데 네가 열심히 잘하니 선생님도 욕심이 나지 않았을까? 좀 더 잘할 수 있다고 생각해서 너를 위한 마음이지 않았을까?"

"… 그럴 수도 있겠네요."

"그런데 진홍아! 네가 아무리 부당하다고 생각해도 선생님께 그렇게 난동을 피우면 될까? 그러다 너 얼굴에 상처만 나지 않았니. 어때?"

"그건 잘못된 것 같아요. 그 순간 너무 화가 나서 책을 던지고 하지 않겠다고 난리를 피웠어요."

"그러면 내일 선생님께 사과드리고 다시는 그러지 않겠다고 할 수 있을까? 잘못을 느낄 때 빨리 사과할 수 있는 사람이 진짜 용기 있는 사람일 텐데."

"네. 제가 잘못했으니 사과드릴 거예요."

"그래. 우리 아들! 잘못했어도 그 잘못을 빨리 바로잡는 용기로 멋진 사람이 되자." 하고는 안아주었다.

선생님께는 그 일로 아이에게 절대 미안해하지 말고 사랑하는 마음을 담아 당당하게 지도해 주시기를 부탁드렸다. 학교에서 중학생들을 교육하다 보면 흔하게 발생하는 일 중 하나가 이런 선생님과 학생과의 갈등 문제다. 교육은 아이가 받아들일 수 있는 상태가 돼야 의미 있게 이루어진다. 아무리 좋은 교육을 한다고 해도 아이의 마음이 반응하지 않으면 아무 소용이 없다. 잘하는 아이들은 지켜보면서 격려하고 방향 제시만 해주면 된다. 반면 문제 있는 행동을 하거나 제대로 된 생활 습관이 형성되지 않은 아이는 지속적인 관심과 지도가 필요하다. 특히 부모와 연대를 이루며 교육하는 것이 아주 중요하다. 교육과정에서 학생 대부분은 나의 교육에 공감하며 변하려는 마음을 보여줄 때가 많았다. 그런데 부모가 해 줘야 할 역할이 안 돼 무너지는 경우를 볼 때 정말 안타까운 마음이었다. 아무리 문제 있는 아이라도 부모가 포기하지 않으면 된다. 바른 의식과 사랑으로 품어주면 아이는 부모의 사랑을 알고 자기 자리를 잡아가는 모습을 교직 생활 중 수없이 봐 왔다.

아빠와 아들

사회성과 성취 욕구 발달

두 아들을 양육한 엄마로서 아빠가 아들에게 얼마나 중요한 존재인지 말하고 싶다. 유아기까지는 아빠의 중요성을 크게 느끼지 못했다. 그 시기는 혼자서 아이를 돌보는 것이 많이 어렵지 않았다. 만 세 살 이후 역동적인 아이를 생각하면 그때의 육아는 쉬운 편이었다. 먹이고, 씻기고, 같이 눈 맞추고 놀아주며 약간의 신체 활동을 하는 정도는 괜찮았다. 그렇게 아이와 시간을 보내는 과정은 육체적으로 많은 힘이 필요한 것은 아니었기 때문이다. 그런데 만 세 살 이후의 사내아이는 엄마 혼자 양육하기에 에너지가 너무 넘쳤다. 이때는 몸으로 놀아주거나 창의적인 방법을 찾아 놀아줄 아빠가 필요한 순간이 많아졌다.

두 아들의 바른 성장을 위해 열심히 연구하며 노력하는 과정에서 책의 도움을 받기도 했지만, 교사로서 만나게 되는 학생들을 통해 많이 배우고 느꼈다. 학생들과 생활하면서 각 가정의 상황에 따른 태도와 습관, 사고방식, 성향이 반영된 인간관계 형성 등 다양한 것이 개인의 성장에 영향을 주고 있음을 알게 되었다. 특히 비슷한 성향의 학생이 어떤 환경에서 자라느냐에 따라 전혀 다른 모습으로 성장해 가는 것이 관찰되었다. 이 과정에서 부모와 바람직한 관계 형성이 매우 중요함을 인지했다. 남편 또한 교사였기에 학생들의 교육뿐 아니라 우리의 양육과 관련된 교육적 주제로 자주 의견을 나누었다. 남편은 당시 남자고등학교에 근무하고 있었기에 훌륭하게 성장하고 있던 남학생을 접할 기회가 많았다. 학교에서 보게 되는 인성과 지적 부분이 조화를 이루며 멋지게 성장한 남학생 이야기를 나에게 자주 했다. 그런 학생의 배경에는 아이와 관계 형성이 잘된 아버지가 존재한다는 걸 발견할 수 있다고도 말했다.

많은 연구 결과에서도 아버지는 아이의 사회성과 성취 욕구를 발달시켜 주는 존재라고 말한다. 남편은 이 사실을 경험으로 인지하고 있었지만, 육아에 적극적으로 참여할 상황은 아니었다. 1990년대 인문계 고등학교의 젊은 영어 교사는 대부분 담임을 맡아야 했다. 아침 시간 및 일과 후 시간의 보충수업, 밤에는 담임으로서 야간 자율학습 지도를 해야 했다. 그래서 남편은 우리 아이들과는 같이 할 시간이 부족했다. 새벽 6시 30분 정도에 출근했고, 밤 10시 30분이 넘어서 퇴근하니 남편에게 무엇도 기대할 수 없었다. 그래도 주말이면 최선을 다해 아이들과 함께 시간을 보냈다. 토요일 근무 후 오후에는 온 가족이 도서관으로, 일요일이면 인근 산으로의 등산과 공놀이 등으로 야외활동을 했다.

등산 다니자는 제안을 처음 했을 때 남편은 "올라갔다 내려올 걸 뭐 하러."라고 말했다. 그러면 나는 "아침에 밥 먹었다고 점심, 저녁은 안 먹을 건가? 아이들 교육을 위해 산에 가야 해."라며 등산이 아이들 교육에 얼마나 도움 되는지 설득했다. 결국 남편은 내 설득을 받아들였고, 주말의 휴식을 포기했다. 그렇게 시작된 산행은 우리 지역의 산에서 전국의 산으로 넓혀 갔다. 처음에 부정적인 태도를 보였던 남편은 등산에 재미를 느끼며 열심히 참여했다. 그 뒤부터 더 적극적으로 두 아들의 참여를 유도하며 함께했다. 작은아들이 초등 2학년까지는 우리 가족끼리 산행했다. 두 아들이 다른 분께 방해되지 않겠다고 판단된 시점부터 산악회에서 운영하는 버스를 타고 전국의 산을 누볐다. 아이들이 성인보다 몸이 가벼워 산행 때 훨씬 잘 간다. 산행에 자신감이 생긴 두 아들은 새로운 산을 가는 날이면 새벽 3~4시부터 준비하며 즐거운 마음으로 참여했다.

아빠와 함께하는 모든 신체 활동은 아이들에게 자극을 준다. 우리는 단순한 공놀이로 시작한 후 아이의 성장에 따라 각종 스포츠 활동으로 이어 갔다. 그 활동을 통해 성취 욕구가 자극되고 스스로 목표를 정했다. 목표를 이루고자 노력하는 모습도 볼 수 있었다. 아이들을 돈으로 키우지 말자. 아이의 뛰어난 재능이 관찰을 통해 발견될 수도 있다. 그럴 때는 아이가 배우기를 원한다면 필요한 조치를 적극적으로 취하는 게 좋다. 보통의 경우는 부모가 다양한 활동을 아이와 함께 경험하고 그 느낌을 공유하는 것이 중요하다. 그 활동 속에서 아이의 생각을 읽어 낼 줄 알고 공감해 주자. 그럴 때 아이는 평생 부모에게 자신의 옆자리를 내주고 자신이 성장해 가는 과정을 지켜볼 수 있는 추억과 신뢰를 선물할 것이다.

시작한 것은 끝까지!

효과적인 교육을 위해서는 강요하지 않는 게 중요하다. 교육적인 필요에 따라 반드시 해야만 하는 것조차 강요하면 안 된다. 그러면 어떻게 해야 할까? 아이들이 스스로 하고 싶은 마음이 생길 수 있도록 분위기를 만들고 기다려야 한다. 하고 싶은 마음을 비친다고 해서 곧바로 해주어도 효과는 떨어진다. 사람들이 연애할 때 밀당을 잘해야 한다고 말한다. 아이를 양육하는 것은 연애보다 더 밀당의 귀재가 되어야 한다. 아이들이 하고 싶어 조바심을 낼 때까지 기다림은 필수다. 그때 비로소 원하는 것을 들어주면 교육적 효과를 최대로 끌어올릴 수 있다. 대신 한번 선택하게 된 것은 책임감 있는 태도로 성실하게 수행하도록 교육해야 한다. 스스로 일정한 목표를 세우고 실천하는 자세를 갖도록 유도하며 격려해야 한다.

우리는 자기주장을 시작하는 유아기부터 이런 교육을 서서히 해 왔다. 그 교육으로 아이들이 선택하고 시작한 것을 중간에 그만두는 일이 지금까지 거의 없었다. 짧게 끝나는 놀이 활동부터 몇 년씩 길게 이어지는 학습과 운동, 취미 활동에 이르기까지 예외가 없었다. 시작하게 되면 일정한 목표지점에 도달할 때까지 성실한 자세로 꾸준하게 했다. 유치원 시절은 주로 놀이를 통해 그런 교육이 이루어졌고 초등학생 때는 취미 활동을 그렇게 했다. 중·고등학생 시기는 학습을, 대학 졸업 후 석·박사 과정에서는 연구 활동에서 그런 모습을 보였다. 모든 게 습관에서 비롯된다. 놀이를 끝까지 신나게 할 수 있는 아이는 그 놀이를 통해 성취감을 느끼고 그것이 바탕이 되어 학습으로 이어진다. 학습하는 태도는 연구하는 태도로 계속 연결되는 것이다. 다만 이런 것들이 자발적으로 이루어질 때 모두 가능하다. 부모 강요에 의한 활동에서는 아이가 성취감을 느끼기 힘들고, 아이의 성장에 크게 도움 되지 않는다.

나와 아이들이 함께 즐긴 놀이는 퍼즐이었다. 500조각, 1,000조각 되는 그림을 머리를 맞대고 맞추다 보면 시간 가는 줄 모르고 집중하게 된다. 모두 맞춘 후의 성취감은 말로 표현할 수 없다. 블록을 이용하여 자신들의 세계를 방 안 가득 만들어 놓고 그 안에 들어가는 소품들도 만들어 상상하며 즐겁게 논다. 그리고 항상 놀이의 마지막은 자기들이 만든 상상의 세계를 나에게 신나게 이야기로 전달하며 맺는다.

등산은 자연에 대한 감각을 몸으로 느끼게 해준다. 더불어 자기의 한계를 극복하는 다양한 경험으로 할 수 있다는 정신을 키워준다. 전국의 산을 오르면서 순간의 힘듦을 참고 나면 기분 좋은 성취의 기쁨을 맛볼 수 있다는 것도 두 아들은 경험했다. 가족과 함께하는 다양한 활동은 부모와의 유대감이 돈독해질 뿐 아니라 아이들이 쉽고 재미있게 성취감을 느낄 수 있게 해준다.

　인생을 살다 보면 누구나 어려운 고비를 만나게 된다. 아무리 순탄한 삶을 살아왔다고 해도 돌아보면 힘들었던 순간은 누구에게나 있다. 그 순간을 인내하며 극복할 수 있는 것은 자기도 모르게 쌓아온 내면의 힘이 존재하기 때문이다. 그 내면의 힘을 가장 쉽게 축적 시킬 수 있는 것이 부모와 즐겁게 활동했던 추억들이다. 아이들이 부모로부터 얻게 되는 에너지는 무궁무진하다. 성장하면서 힘든 일이 생길 때마다 부모와 함께 보낸 시간 속에서 답을 찾는다. 자신을 믿고 지지해 주었던 추억에서 큰 힘을 얻고 다시 시도하며 인생을 성공적으로 살아가기 위해 노력한다.

　두 아들은 각각 일곱 살이 되면서 피아노와 태권도를 배우기 시작했다. 이 활동은 자신이 목표로 하는 단계에 이를 때까지 꾸준하게 했다. 거의 7~8년을 성실하게 배웠고 그 배움을 즐기는 자세로 목표에 도달하며 성취경험을 쌓아갔다. 물론 피아노는 계속 배우는 과정에서 힘들어했던 적도 있었다. 그 힘들었던 순간도 스스로 대회 출전을 선택하면서 목표를 세웠다. 대회에서 수상을 목표로 했던 두 아들은 원하는 수준으로 성장한 후 배움의 단계를 끝냈다. 이후 활동은 공부하다 힘들 때 아이들 스스로 자신을 위로하며 스트레스를 해소하는 방법으로 활용하기도 했다.

　한번 시작한 것은 무엇이든 끝까지 해보는 것이 중요하다. 일회성으로 경험해 보는 것을 제외한 무엇인가를 시도할 때는 힘든 순간을 인내하며 끝까지 해봐야 한다. 그래야 실패하더라도 그 실패 속에서 원인을 찾고 그 원인을 알게 되면 귀중한 경험이 된다. 그 경험은 다음에 성공할 수 있는 발판으로 작용하는 것이다. 끝까지 해보지 않고 시도만 하다 그만두면 아무것도 얻을 수 없다. 특히, 이런 일이 반복되면 자기 부정의 감정이 자리 잡게 된다. 자기를 부정하는 감정은 할 수 있는 일조차 할 수 없다고 단정하며 자존감이 낮은 사람으로 성장할 가능성이 크다.

체력은 곧 정신력이에요

사람은 신체가 튼튼하고 체력이 좋을 때 자신감도 상승한다. 남자아이들은 다섯 살 정도가 되면 신체 활동이 엄청나게 활발해진다. 사내아이 둘을 양육하다 보면 웬만한 체력을 가진 나도 지치고 힘들 때가 많았다. 현재는 주 5일제를 실시하고 있지만 2004년까지 매주 토요일 근무, 2005년~2011년까지는 격주 토요일 근무를 했다. 내가 한참 육아에 전념할 때는 토요일에도 근무하다 보니 체력적으로 힘들었다. 맞벌이로 인해 두 아들과 의미 있는 시간을 보내기 위해서는 계획된 생활을 해야 했다.

퇴근 후에는 오로지 두 아들과 시간을 보낼 수 있도록 계획하고 실천했다. 일반 주택에 거주하던 시절에는 두 아들이 유아기를 보내고 있었고 1층에는 집주인이 거주하여 큰 문제 없이 지냈다. 퇴근하면 저녁을 먹이고 두 아들을 씻긴 후 함께 놀고, 책도 읽어주었다. 밤 9시면 모든 전등을 끄고 아이들과 잠자리에 들었다. 그렇게 잠자는 습관을 들이니 9시 취침, 6시 기상이 초등학교를 마칠 때까지 이어졌다. 두 아들은 일찍 자는 습관 때문에 가끔 사촌들을 만났을 때 더 놀고 싶어도 9시가 넘으면 졸려서 잠을 참지 못했다. 초등학교 고학년이 되면서 가끔 10시 정도까지 견딜 수 있게 되었다. 중학교 입학 후에는 10시 취침이 고정되었다.

평일 낮은 양육해 주시는 분의 댁이 일반 주택이라 두 아들이 맘껏 뛰어놀 수 있었다. 또한 성장해 감에 따라 놀이방도 2~4시간씩 다녀왔다. 저녁 시간에 두 아들은 체력적으로 지친 상태에서 나와 만나게 되니 활동으로 인한 문제는 없었다. 하지만 주말이면 아이들의 활동량을 해소해 줄 수 있어야 했다. 오전 근무를 하는 토요일 오후는 점심 식사 후 아이들과 창원시의 도서관 2~3곳을 다니며 책을 대여하고 약간의 야외활동을 했다. 일요일은 별일 없으면 무조건 야외활동을 했다. 창원시 도청의 공원은 아이들이 맘껏 뛰어놀 수 있는 넓은 잔디 운동장과 잘 가꾸어진 정원이 있다. 그곳은 아이들과 산책도 가능해 거의 매주 그곳에서 시간을 보냈다. 두 아들이 각각 걷기 시작하면서 그곳은 두 아들의 놀이터가 되었다. 실컷 뛰고 공놀이도 하며 야외활동을 했다. 정원을 산책하며 연못의 잉어들과 즐거운 시간도 보냈다.

작은아들이 다섯 살이 되면서 봄이면 진달래로 유명한 집 근처의 천주산으로 등산을 시작했다. 제법 경사 있는 가파른 산이었지만 아이들은 잘 다녔다. 등산 중에 만나는 사람들에게 배꼽 인사도 해가며 두 아들은 산의 사계절을 느꼈다. 산은 아이들의 체력, 사회성, 자연 친화적 성격 등 많은 것을 선물해 주었다. 그렇게 시작된 등산은 작은아들이 중1 때까지 이어졌고 전국의 산을 누비게 되었다. 거의 매주 산을 오르며 아이들의 체력은 단련되었고, 인사를 잘하는 멋진 학생으로 성장했다. 지치지 않는 체력은 정신을 건강하게 만들어 준다는 것을 믿었다. 우리는 두 아들이 초등학교에 다닐 때까지 기초체력을 키우는데 많은 신경을 썼다. 다양한 신체 활동을 경험한 두 아들은 중학생 때부터는 알아서 틈틈이 운동했다. 또한 친구들과의 신체 활동을 즐기며 건전한 사춘기를 보냈다.

흔히 부모들은 중학생이 되면 학습에 마음을 쓰기 시작하며 아이들의 신체 활동을 제약하려고 한다. 그것은 잘못된 판단이다. 오랜 시간 동안 중등학교에서 아이들과 생활하며 느낀 것은 신체 활동이 왕성한 아이가 학업성취도도 높다는 것이다. 가끔 예외도 있지만 대부분 학생이 그랬다. 심지어 아이돌 댄스를 즐기고 또한 정말 춤을 잘 추기까지 하는 학생이 성적도 좋았다. 문제는 무엇이 더 중요한지 알고 좋아하는 것을 절제하며 즐길 수 있는 태도를 미리 교육해야 한다. 그러한 모든 걸 어릴 때부터 교육해 스스로 결정하고 행동하는 자세가 되도록 해야 한다. 신체 활동은 긍정적인 에너지를 충전시키게 함을 잊지 말자.

나의 두 아들은 과학고에 진학해서도 학교에서 틈만 나면 축구와 배드민턴을 즐겼다. 우리 두 아들만 그런 게 아니라 아이의 친구들도 거의 그런 듯했다. 오죽하면 선생님들께서 "너희가 체육고 다니는 학생이냐?"라고 야단을 쳤다고 한다. 또 운동하다 다쳐서 깁스를 한 학생들이 자주 생기니 체육관 문을 잠가 버렸다고 했다. 특히 남자아이들은 신체 활동을 통해 스트레스를 풀고 체력도 키우며 집중력을 높일 수 있다. 똑똑하고 건전한 아이를 원한다면 초등학교 다닐 때까지는 지나친 학습을 요구하지 말고 다양한 운동을 접하고 신체 능력과 사회성을 교육하는 데 목적을 두자.

자기주도 1등 아이를 위한 부모교육 Q&A

Q1. 부부의 양육 방식이 다를 때 어떻게 조율해야 할까요?

같은 방향을 보고 양육할 수 있도록 의논하며 교육해야 해요. 서로 논리적인 대화를 통해 양육 방향을 정하고 교육하는 것이 좋아요. 같은 상황에서 부모가 대립하는 방식으로 아이를 교육하면 문제가 발생해요.

Q2. 밝고 긍정적인 아이로 양육하려면 어떻게 해야 하나요?

아이가 처음 시도하는 모든 활동에서 스스로 해내는 경험을 하게 만들어 주세요. 자기가 의도한 걸 성공한 경험이 많은 아이는 밝고 긍정적인 성향이 돼요. 부모가 스스로 긍정적인 생각과 말을 실천하며 행동하는 모범을 보여주세요.

Q3. 공공장소에서 아이의 문제 행동을 어떻게 교육하나요?

아이를 많은 사람 앞에서 교육해야 할 때 부모는 평정심을 잃지 않아야 해요. 만 두 살이면 자의식이 생겨나기 때문에 아이 체면을 생각하며 교육할 필요가 있어요. 차분하게 아이의 잘못을 알려주면 좋아요. 공공장소 방문 전에 지켜야 할 행동을 집에서 미리 연습시키고 교육하는 것도 꼭 필요해요.

성장 둘

부모교육으로 '**배움**'이 성장해요

가족을 위해
무엇을 할 수 있을까?

　아이들이 가족 구성원으로서 무엇인가를 할 수 있게 만드는 것을 매우 중요하게 생각했다. 그래서 자기 일을 스스로 해낼 수 있는 것과 더불어 사소한 것이라도 가족을 위해 행동하게 하는 마음을 교육하고 싶었다. 가족을 위한 마음은 서로에게 필요한 존재로서 자기 역할을 자연스럽게 하게 만든다. 그 행동은 아이에게 긍정적으로 작용하여 자존감도 높아지는 효과를 가져다준다. 우리는 가족 구성원으로서 각자의 역할에 대하여 생각하고 말하는 시간을 가졌다. 큰아들이 일곱 살, 작은아들이 다섯 살이었다.

　"아빠는 우리 가족을 위해 밖에서 열심히 일해 돈을 벌어 오셔. 그 돈으로 너희가 필요한 것을 사주시지. 또 너희와 함께 놀아주며 잘 자랄 수 있도록 보살펴 주시기도 해. 엄마는 우리 가족을 위해 맛있는 음식을 만들어 건강을 챙기고 깨끗한 옷을 입을 수 있도록 빨래도 해. 직장을 다니며 돈도 벌어서 가족이 풍요롭고 편안하게 생활할 수 있도록 해 주잖아. 너희도 우리 가족 구성원으로서 할 수 있는 일이 있지 않을까? 너희가 할 수 있는 일을 찾아볼래?"라고 아이들에게 나는 말했다.

두 아들은 자신들이 할 수 있는 일을 찾아보더니 큰아들이 먼저 "엄마! 엄마가 매번 음식물 쓰레기 버리시는데 이제 제가 할게요, 그 정도는 저도 할 수 있어요."라고 한다. 그 말은 듣던 작은아들이 "그럼 나는 그냥 일반 쓰레기를 버릴래요." 하며 자신이 할 수 있는 집안일을 말했다. 그렇게 시작된 큰아들의 음식물 쓰레기 버리기와 작은아들의 일반 쓰레기 버리기는 두 아이가 기숙사 생활을 위해 집을 떠날 때까지 계속되었다. 이후 당연하게 자기 일이라고 인식하고 기숙사 생활을 하다 집에 와도, 서울에서 집으로 내려와도 아이들은 분리수거해놓은 쓰레기를 모두 버려준다. 처음 큰아들이 음식물 쓰레기를 버리기 시작한 나이가 일곱 살이었다. 두 아들이 까치발을 하고 쓰레기 버리는 모습을 사람들이 보면 나를 어떻게 생각했을까 싶었다. 하지만 아이들에게 집안일을 나누어 준 것이 잘못되었다고 생각하지 않는다. 아이들의 감정이 중요했다. 두 아들은 자신들이 가족을 위해 그렇게 할 수 있다는 것을 아주 좋아했다. 자신들도 부모를 위해 무엇인가 할 수 있다는 생각에 스스로 자랑스럽게 여겼다.

큰아들이 초등학교 2학년에 다니고 있을 때 나의 직장 이동으로 살던 집에서 이사했다. 그런데 이사한 아파트에서는 일곱 살 정도 되는 남자아이가 음식물 쓰레기를 버리는 것에 대해 말이 많았다. 엄마가 계모라서 아이를 학대한다고도 했다. 사실 나는 잘 모른다. 그냥 소문이었으니. 나도 아파트 주민들에게 그렇게 보였으려나 한참 생각했다. 나는 아이들을 양육하며 자기 일은 스스로 해결하게 했다. 우리가 맞벌이인 영향도 있었다. 그것보다는 우리 부부의 교육철학이 자기 일을 스스로 하지 않으면 결국 독립

된 인간으로 성장하기 힘들다고 생각했기 때문이다. 어린 시기부터 자신이 할 수 있도록 훈련하고 자기의 일은 자기가 하는 것이 당연하게 여기도록 교육했다.

두 아들이 참여하는 집안일은 여러 가지가 있었는데 우선 자기 일은 알아서 하는 것이 기본이었다. 두 아들의 초등학생 때 학교에서 하얀 실내화를 신었다. 매주 주말이면 본인의 실내화를 깨끗하게 빨아서 학교에 가지고 갔다. 식탁에서 식사 후 자기 밥그릇은 싱크대로 가져다 놓고 가끔 설거지도 했다. 아이들은 방을 스스로 청소했고 좀 자라서는 집 청소도 참여하며 성장했다. 또한 빨래가 마르면 각자 자기 것을 개어 옷장에 넣었다. 두 아들은 이런 것이 일상화되어 고등학교에서 기숙사 생활할 때도 도움이 되었다. 대학 생활을 하면서 아예 집을 떠나 살았고 가끔 아이들 방에 가면 옷장 정리가 나보다도 더 잘 되어 있었다. 이렇게 습관으로 형성되면 자기 생활을 잘할 수 있을 뿐 아니라 그것은 결국 학습으로 이어진다.

자기 일을 알아서 하는 것과 가족 구성원으로서 가족을 위해 뭔가 할 수 있다는 것은 자기 존재를 긍정적으로 생각하는 계기가 된다. 자기 존재를 긍정적으로 생각하게 만들려면 강압적으로 시켜서는 안 된다. 스스로 선택하여 하고 싶은 마음이 생기도록 해주어야 한다. 아이들은 무조건 보살핌의 대상이 되어야 하는 게 아니다. 위험하지 않은 수준에서 가족 구성원으로서 자부심을 느끼며 스스로 성장할 기회를 만들어 주는 것이 중요하다. 무조건 부모가 다 해주는 것이 사랑은 아니다. 적당하게 아이가 할 수 있도

록 기회를 주어 자기를 긍정적으로 생각하게 만들자. 그 이유는 자기 긍정
으로 자존감을 높일 수 있게 하는 것이 진정한 사랑이기 때문이다.

두 아들의 첫 학교생활

큰아들의 초등학교 입학을 위해 준비한 일 중 가장 중요한 일이 혼자 등교 연습하기였다. 처음에는 가족이 함께 학교까지 가면서 주의할 점들을 말해 주었다. 집에서 학교까지 거리는 가까웠지만, 대로를 건너가야 해서 걱정되었다. 우리 집은 아파트 단지 제일 앞에 있었고 18층이어서 아이가 학교까지 가는 길이 모두 보였다. 학교 가는 길을 같이 가보며 연습시키고 혼자 학교까지 가게 한 후 위에서 지켜보았다. 그런 과정을 몇 번 연습한 후 학교생활이 시작되었고 큰아들은 밝고 적극적인 성향대로 잘 적응했다.

학교에서 필요한 내용을 알림장에 적어와 혼자서 챙기며 학교생활을 즐겁게 했다. 아이 준비물을 알림장에서 확인하고 내가 챙겨주는 일은 없었다. 아이는 자기 일은 스스로 한다는 생각을 바탕으로 성장해 왔으므로 당연히 자기가 준비해야 함을 알고 생활했다. 혼자 준비하기 힘든 것이나 도움을 요청해야 할 상황이 생기면 아이는 언제든 할 수 있었고 그때 도와주면 되었다. 그렇게 큰아들의 첫 학교생활을 지켜보면서 작은아들 또한 그럴 수 있다고 생각했다. 그런데 착각이었다. 작은아들은 교과서나 준비물을 챙겨가지 않아 벌을 서는 일이 잦았다. 단순하게 도화지 한 장 챙기는 것도 못해 수업 시간 내내 벌을 섰다고 한다. 아주 사소한 준비물조차도 잘 준비하지 못했다. 이런 일이 반복되자 작은아들과 이야기하며 문제를 해결해 보기로 했다.

"교과서와 수업에 필요한 준비물은 누가 사용할 거지?"

"제가요."

"그런 것들이 없으면 누가 불편해?"

"제가요."

"남들 수업하고 있을 때 벌서고 있으면 기분이 어때?"

"좋지 않아요."

"그럼 그런 상황을 누가 만들었지?"

"저요."

"그러면 너 기분이 나빠지지 않으려면 어떻게 해야 할까?"

"학교 준비물을 잘 챙겨가야 해요."

"왜 지금까지 잘 챙겨가지 못했을까?"

"자꾸 잊어버려요. 다 챙겼다고 생각했는데 학교에 가면 없어요."

"그랬구나. 그럼 어떻게 할까? 엄마가 챙겨주지는 않을 거야. 그 대신 네가 잘 챙길 수 있도록 도와줄 수는 있어."

"도와주세요."

"그러면 엄마가 네 준비물과 교과서를 잘 챙겼는지 등교 전에 점검할 수 있게 해줄게. 점검표를 만들어 현관문에 붙여두고 등교 전에 점검하고 학교로 가자. 학교 다녀와서는 필요한 것이 모두 있었는지도 확인해 볼래?"

"네. 해주세요."

이렇게 작은아들과 약속하고 체크리스트를 만들어 붙여주었다. 첫 일주일은 놓친 부분들이 간간이 나왔다. 하지만 한 달쯤 되었을 때는 대부분 잘 챙겼다. 이렇게 교육한 효과는 작은아들이 수련 활동을 떠날 때 눈으로 확인할 수 있었다. 학교에서 준비해 준 가정통신문을 보고 연필로 점검 표시를 하며 자기 가방에 넣었다. 모두 챙긴 걸 확인 후 나는 가방에 정리만 다시 해주었다.

자기 행동의 결과를 눈으로 확인하고 스스로 인지하며 수정하고자 노력할 때 아이들은 성장한다. 부모의 잔소리는 필요 없다. 아이가 실천할 수 있도록 도와주는 역할이 빠르고 정확하게 아이를 변화시킬 수 있다. 아이도 감정이 있으므로 필요 없는 잔소리는 반항심만 키울 뿐이다. 이해할 수 있도록 설득하면 받아들이고 수정한다.

잘못된 습관이나 행동을 변화시키고자 할 때 아이와 의논한 후 체크리스트를 사용해 보자. 아이가 동의하고 참여하면 빠르게 변화할 수 있는 장점이 있다. 항상 모든 결정에 있어 아이와 같이 해야 한다는 것이 중요하다. 부모가 시켜서 하는 것은 효과가 없다. 처음에는 어쩔 수 없이 하겠지만 금방 시들해진다. 아이의 마음이 움직일 수 있도록 진심으로 같이 이야기해야 한다. 좋은 방향으로 변하게 되면 누구에게 왜 좋은 일인지, 변화의 주체가 누구인지 반드시 교육해야 한다. 부모는 단지 도와주는 존재고 변화를 위해 마음먹고 움직여야 하는 존재는 아이라는 사실을 꼭 인식시켜주자. 나이가 어릴수록 습관과 행동을 변화시키기 쉽다. 자기 생각이 굳어지면 자기 습관과 행동이 잘못되었음을 알아도 수정하기 무척 힘들다.

③

저희는 남다른 형제예요

（평생 친구 만들기）

 맞벌이 부부로 살면서 두 아들을 항상 보살필 수 있는 상황에는 한계가 있었다. 아이들 스스로 문제가 발생하지 않도록 주의하는 태도가 필요했다. 그래서 두 아들이 서로 의지하고 도와 문제를 해결하도록 교육해 왔다. 그 영향인지 모르겠지만 형제는 정말 애틋한 사이로 자랐다. 성인이 되어 결혼한 지금도 큰아들은 작은아들에게 형으로서 역할을 훌륭하게 해준다. 어린 시절에는 다른 아이들처럼 서로 다투기도 했지만 화해 과정의 마지막은 항상 서로 안아주고 뽀뽀하며 끝냈다. 초등학생 시절까지도 그런 행동은 이어졌다. 초등학교 고학년을 지나면서부터는 다툼 자체가 없었다.

 작은아들이 초등학교에 입학해서 스스로 준비물을 준비하는 데 문제가 발생했다. 그러자 큰아들은 둘째의 알림장을 살피고 내가 퇴근하기 전에 필요한 것을 준비시켰다. 큰아들도 겨우 초등학교 3학년밖에 되지 않았는데, 동생에게 엄마 역할을 해주었다. 입학 후 준비물을 가져가지 않아 수업 시간 내내 벌을 서거나 교과서가 없어 혼나는 일이 자주 생기니 큰아들이 챙겨주었다. 쉬는 시간이면 큰아들이 작은아들 교실에 가서 잘 있는지 살폈다는 것을 작은아들 담임 선생님으로부터 전해 들었다. 어떻게 자신도 어린데 동생을 그렇게 살뜰히 챙길 수 있는지 대견스럽기만 했다. 부모의 맞벌이로 인해 스스로 철이 빨리 들어버린 것 같아 씁쓸하고 안타까운 마음이었다. 하지만 그런 결핍이 서로 의지하고 도울 수 있는 마음을 가지게 한 긍정적인 역할도 했다. 그래서 형제애가 돈독해지는 기회가 된 것은 좋은 일이었다. 세상의 모든 결핍은 당사자가 어떻게 받아들여 작용하느냐에 따라 그 사람을 더욱 성장시키거나 피폐하게 만든다. 부모가 당당한 모습으로 성실하게 살아가는 걸 보며 자라는 아이들은 당연히 세상을 그렇게 살아야 함을 인지한다.

작은아들은 학교 준비물뿐 아니라 집 열쇠도 자주 잃어버렸다. 세 번째 잃어버린 날 열쇠를 찾은 후 집으로 오라고 내보냈다. 작은아들이 자신이 다닌 길을 살피러 나가니 큰아들도 슬그머니 따라나섰다. 한참 시간이 지나고 주변이 어두워지기 시작하는데도 아이들이 오지 않아 데리러 갔다. 두 아들은 학교 가는 길, 피아노와 태권도 학원 가는 길에서 자기들이 지났던 곳에 얼굴을 박을 듯 살피며 다녔다. 내가 다가가는 줄도 모르고 어두워 보이지도 않는 길바닥을 열심히 눈으로 훑고 있었다. 열쇠는 찾지 못했지만 이제 잃어버리면 안 된다는 걸 스스로 느끼도록 확실하게 인지시켰다. 그 뒤로 물건을 잃어버리는 일이 거의 없어졌다. 그날은 겨울이어서 추운 날씨임에도 불구하고 열쇠를 찾게 했다. 왜냐하면 문제가 발생했을 때 스스로 해결해야 한다는 교육적인 목적으로 아이들이 추울 걸 알면서도 요구했다. 다행히 의도대로 교육이 이루어짐과 동시에 형제애가 더 깊어질 수 있는 계기가 되었다.

❹

형제의 다른 대처법!

(자기 파악 능력)

아이들의 상반된 성향은 여러 상황에서 나타났지만, 문제해결 방법에서도 큰 차이가 났다. 물론 두 아들이 각자 자기의 신체적 능력과 상황을 잘 파악하고 있어서 그렇게 반응했다고 본다. 하지만, 성향의 차이도 한몫했다는 생각이다. 우리는 두 아들이 어릴 때부터 자기 몸은 스스로 보호할 수 있어야 한다고 교육했다. 그러던 어느 날 작은아들이 학교에서 귀가할 때 있었던 일에 대해 퇴근한 나에게 열심히 이야기했다.

"엄마! 오늘 집에 빨리 오려고 지름길로 왔거든요. PC방과 연결된 아파트 사이길 계단 말이에요."

"그래서?"

"그 PC방에서 나온 이상한 형들이 몇 명 모여 있었어요. 근데 형들 분위기가 좀 무서웠어요."

"그러면 큰길로 되돌아 나와서 오지."

"마침 어떤 아주머니가 앞에 가시길래 그분 아들인 척 딱 붙어서 지나왔어요. 헤헤."

"야! 아들 똘똘하네. 잘했어. 그런데 어떻게 그런 생각을 한 거야?"

"힘이 없는데 어째요. 무섭기는 하고 아주머니 아들인 척 지나왔지요."

그때가 초등학교 1학년이었는데 어떻게 그런 생각을 했을까 싶어 귀여웠다. 작은아들의 대처 능력이 자기가 가지지 못한 것을 주변에서 찾아 이용할 수 있었다면 큰아들은 완전히 달랐다. 중학교 1학년 때 등교하면서 생겼던 일이다. 큰아들 역시 퇴근해 온 나에게 있었던 일을 조잘댔다.

"아침에 친구하고 등교하는데 불량스러워 보이는 놈들이 저한테 돈을 달라고 하잖아요."

"그래서?"

"없다고 했죠. 고등학생쯤 되어 보이더라고요. 학생인지 아닌지도 모르겠지만."

"그냥 보내준 거야?"

"아니요. 없다고 하는데도 자꾸 달라고 요구하잖아요. 그래서 짜증 내면서 없다는데 왜 달라냐고 했죠."

"야! 맞으면 어쩌려고. 너 간도 크다."

"안 그래도 같이 가던 친구는 겁을 먹고 있었는데, 내가 먼저 학교로 뛰어가라고 했죠."

"너는?"

"나도 뒤에 뛰기는 했는데 계속 따라오면 붙으려고 생각하면서 뛰었죠. 그런데 제가 달리기가 빠르잖아요. 걔들 나 못 따라오더라고요."

큰아들은 그렇게 말하면서 웃었다. 큰아들은 주먹도 강했지만 달리기도 엄청 빨랐다. 초등학생 때 이미 학교 대표로 시 대회에 참가해 수상한 실적도 있을 정도였다. 웬만해선 자기 몸 정도는 충분히 지킬 수 있는 상태여서 강하게 대처하려는 생각도 했던 것 같다. 두 아들은 성향에 따라 대처하는 방법도 이렇게 달랐다. 성장 과정에서 문제가 생기면 두 아들은 자신에게 맞는 해결 방법을 찾아 스스로 잘 해결하는 모습을 보였다.

학교에서 학생들도 성향에 따라 똑같은 문제를 우리 아이들처럼 다른 방법으로 해결하는 모습을 볼 수 있었다. 하지만 자신의 성향을 잘 파악하지 못하거나 문제해결을 스스로 하려는 의지가 없으면 문제가 된다. 주변에서 해결해 주기를 바라면 독립적으로 성장하기 힘들다. 세상은 어차피 스스로 살아가야 한다. 누군가 옆에서 지원해 주고 도와줄 수는 있지만 근본적으로 자기 자신이 선택하고 결정해야 한다. 어릴 때부터 자기 능력을 인지하고 스스로 문제해결 방법을 찾을 수 있게 하자. 자기가 선택한 방법으로 실천해 보는 경험이 중요하다. 그 경험은 마음의 힘을 키워 자신을 믿고 문제를 해결하게 하는 힘이 된다. 부모가 아이를 대신해 모든 걸 해주면 아이는 그 능력을 키워갈 수 없다. 아이 스스로 할 수 있도록 기다려 주고 기회를 주어야만 한다.

우리 사회는 다양한 신조어들을 생산하고 있는데 그중 육아와 관련된 부모들의 지나친 과보호와 간섭을 나타내는 신조어가 많다. 캥거루처럼 자식을 곁에 두고 뭐든지 해주려는 캥거루 맘, 학업 등 특별한 성과를 강요하는 부모를 나타내는 타이거 맘, 자녀 주변을 맴돌며 일일이 간섭하는 헬리콥터 맘 등이 있다. 이런 신조어처럼 아이를 양육하면 자녀는 세상을 독립적으로 살아가지 못한다. 부모의 태도로 인해 아이가 자기를 믿지 못하고 의지하는 인생을 살게 한다. 세상을 자기 의지로 판단하고 제대로 살아갈 수 있게 만드는 부모가 되자. 작은 선택부터 하게 만들고 문제가 생기면 스스로 해결할 수 있도록 기회를 제공해 주면 도움이 된다.

사람은 살면서 항상 성공만 하며 살 수 없다. 또 성공만 하며 사는 사람이 있다고 하더라도 그 사람은 다른 사람과 더불어 사는 사람이 되기 힘들다. 왜냐하면 실패하는 다른 사람의 마음을 절대 이해하지 못하기 때문이다. 아이의 행복을 위해 부모가 모든 걸 해결해 주려고 하면 안 된다. 오히려 아이를 아무것도 할 수 없게 만들어 불행의 길로 들어서게 한다는 것을 명심하자.

⑤

달라도 너무 다른 형제

(성향에 맞는 교육법)

두 아들을 키우면서 순간순간 '달라도 이렇게 다를 수 있을까?' 하는 생각이 절로 들었다. 한 부모한테서 나왔는데도, 좀 속된 말로 우리가 흔히 '한 공장 제품이 맞아?' 하는 표현을 사용하는 것처럼 정말 다르다. 같은 학교에서 몇 년 연속으로 근무하면 형제, 자매를 가르치는 경우가 생긴다. 그때도 의외로 전혀 다른 성향을 보이는 형제, 자매가 많다. 너무 다른 성향의 아이들이 같은 부모의 자식이 맞나 싶은 정도다. 우리 집도 그랬다.

큰아들은 단단한 신체로 항상 자신감이 넘쳤다. 자기주장이 강하고 아주 적극적인 성향이다. 뭐든 스스로 해보려는 의지를 보여 필요한 순간에 우리는 방향만 제시하면 되었다. 그리고 격려하며 믿고 지켜봐 주기만 잘해도 문제가 없었다. 반면 작은아들은 예민한 편으로 신체도 작고 약했다. 자기 생각을 밖으로 잘 드러내지 않아 부모로서는 여간 마음 쓰이는 게 아니었다. 아플 때도 큰아들은 혼이 빠질 정도로 금방 숨이 멎을 것처럼 했다. 그러다 병원에서 치료받는 순간 언제 그랬냐는 듯 곧바로 좋아졌다. 작은아들은 제법 자랄 때까지 크게 아프지 않았지만, 항상 건강 상태를 점검하며 조심해야 했다.

우리 부부가 정반대 성향이라 너무 달라서인지 두 아들이 그렇게 차이 났다. 그런데 신기하게도 큰아들과 작은아들은 우리를 꼭 반반씩 닮았다. 남편은 아주 이상적인 사고를 하는 사람으로 매사 호기심이 많아 뭐든 체험해 보고자 한다. 호기심이 발동하면 아주 적극적으로 시도하고 참여하다 흥미를 잃으면 그 의욕이 모두 사라져 버린다. 그러면서도 일의 결정에 있어서는 우유부단한 면이 있다. 아마도 내가 결혼하자고 말하지 않았으면 우리가 부부로 맺어지는 것도 힘들었을 것이다. 그에 비해 나는 새로운 일을 잘 시도하지 않는다. 겉으로 보이는 것과 다른 내향적인 성향이 강해 필요하지 않은 일에는 관심 자체를 두지 않는다. 일을 추진할 때 도덕적으로 옳고 그름을 많이 따지고 내가 손해를 보더라도 옳은 방향이라고 생각하면 강하게 주장하는 편이다. 그래서 실제로 손해 보는 일이 많았다. 또한 해야 하는 일이라고 생각하면 주저하지 않고 결정한다.

우리 부부는 여러 가지 면에서 달라도 너무 다른 극과 극의 성향이다. 어떻게 조화를 이루며 살아왔나 하는 생각이 가끔 들기도 한다. 그런 우리를 주변에서는 부부 생활에 있어 아주 모범적이라 말한다. 우리는 사이가 참 좋다. 그렇다고 싸움 없이 늘 평화로운 집은 아니다. 뉴스를 보다가도 의견 차이가 있을 때는 논쟁이 시작된다. 아이들은 어릴 때부터 그런 모습을 보며 자랐다. 어떤 이들은 아이들 앞에서 큰소리로 다투지 말라고 하는데 우리는 그렇지 못했다. 그런데도 우리 부부는 모든 걸 함께한다. 이런 부모의 유전자를 받아서인지 두 형제의 성향은 완전히 다르다. 큰아들은 남편의 호기심, 적극성, 그러면서도 나의 결단력과 현실적인 성향을 그대로 닮았다. 작은아들은 남편의 약간 우유부단한 면과 내적 부드러움, 나의 겉으로 잘 드러나지 않는 내향적인 성향과 소심함, 끈기 등을 닮았다. 그래서 부드럽고 이해심 많으면서 성실하게 자기 내실을 다지는 태도를 보인다.

이런 성향은 학습하는 태도에서도 그대로 나타났다. 큰아들은 하나를 알면 다 안다고 생각하며 할 수 있다는 자세로 덤빈다. 그런데 작은아들은 하나라도 모르면 모른다고 생각하며 조심스러워했다. 큰아들은 시도하면서 찾아가는 스타일이다. 작은아들은 차분하게 생각하며 모르는 부분을 채워가는 정반대 스타일이었다. 이 두 아들과 학습할 때는 서로 다른 방법으로 지도해야 했다. 그렇지 않으면 두 아이 모두 실패하게 만들 수 있기 때문이다. 큰아들은 학습 과정에서 시행착오를 줄일 수 있도록 차분하게 찾아가는 방법의 지도가 필요했다. 지켜보면서 격려하고 약간의 자존심만 잘 건드려 주면 되었다. 큰아들은 자기 호기심을 바탕으로 스스로 찾아서 발전하는 성향이었다. 작은아들은 어느 부분에서 문제가 생겼는지 차분하게 안정적으로 대해야 했다. 아이는 모른다고 생각하는 순간 조금이라도 다그치고 느림에 답답해하면 자존감은 바닥을 쳤다. 생각할 수 없는 상태가 되어 버린다. 천천히 기다리며 용기를 가지고 시도하게 격려해야 했다. 차분한 분위기로 대하면 작은아들은 생각하는 힘을 키우며 학습했다. 작은아들과 비슷한 성향의 아이는 자신의 역량보다 스스로 모자란다고 생각할 수 있기에 절대로 기를 꺾어버리면 안 된다. 반면 큰아들과 같은 성향은 한 번씩 자신을 객관적으로 살피도록 교육해야 한다.

    한 학급에서 수십 명의 학생을 마주하다 보면 단 한 명도 같은 아이가 없다. 물론 비슷한 유형으로 분류할 수는 있겠지만 모두가 다르다. 개인의 성향, 가정 환경, 지적 수준 등에 따라 학생 개인에게 맞는 교육 방법을 사용해야만 교육 효과를 기대할 수 있다.

일상생활에서
수 개념을 배워요

두 아들이 모두 이공계로 진학하게 된 동기는 어릴 때부터 형성되었다고 본다. 앉아서 학습하며 공부를 통해 수 개념을 익힌 적이 없었다. 어느 순간 그냥 수 개념을 이해하고 생활 속에서 수를 가지고 놀았다. 유치원 다니던 시기에 더하기와 빼기의 개념을 우리 일상생활 속에서 알게 된 것으로 판단한다.

시장 놀이를 통해 자연스럽게 수를 익히고, 화폐의 역할에 대해서도 이해하는 모습이었다. 한참 더하기 빼기를 이해하기 시작할 때가 두 아들 모두 여섯 살 정도였다. 우리 가족이 식당에서 식사하게 되는 경우 음식 주문을 하면 작은아들은 혼자 열심히 계산하기 바빴다. 음식값이 얼마인지 먼저 말하기 위해서다. 큰아들은 먼저 계산해 놓고도 동생이 말할 수 있도록 기다려 주었다.

두 아들이 초등학생 때는 승용차로 이동하게 되는 경우 주변에 지나가는 자동차의 번호판을 보며 놀았다. 번호판의 네 개 숫자를 더해 큰 수를 찾는 놀이나 특정수로 나누어떨어지는 수의 번호판 먼저 찾기를 했다. 좀 더 성장해서는 완전수 찾기, 특정수의 배수 찾기 등 번호판 하나를 가지고 다양한 게임을 만들며 노는 모습이었다. 물론 우리가 먹잇감을 던져주면 낚아채듯 아이들은 빨려들었다. 그러면서 스스로 자기를 대견스러워하며 만족하는 모습으로 우리의 칭찬을 기대했다.

무엇인가 나누어 먹을 일이 있으면 그 순간조차도 그냥 먹는 법이 없었다. 어떻게 나누는 게 합리적인지 나의 몫은 얼마만큼인지 계산부터 하고 먹었다. 나누어진 몫대로 먹는 것은 아니었지만 모든 게 놀이 대상이 되었다. 초등학교 3, 4학년쯤에는 도서관에서 수학과 관련된 재미있는 책들을 빌려보면서 두 아들의 놀이는 더 다양해졌다.

이렇게 수로 노는 두 아들이었지만 작은아들은 구구단을 익히는 데 시간이 꽤 걸렸다. 무조건 외우는 것은 받아들이기 힘들어했다. 머리로 계산하고 이해하는 과정이 필요했다. 초등 2학년 때 방과 후 나머지 공부까지 하면서 구구단을 외웠다. 하지만 우리는 아이 스스로 주눅만 들지 않는다면 우려할 일이 아니라고 판단했다. 아이가 수에 대한 개념을 이해하고 있었고 즐기는 모습을 보였기 때문에 때가 되면 할 수 있다고 믿었다.

사고력을 높이는
바둑을 두어요

두 아들과 함께 노는 방법은 여러 가지다. 주변의 온갖 사물들이 모두 놀이 도구가 되었다. 그중 바둑판과 바둑알도 그 대상이었다. 바둑판은 바둑알을 튕겨내며 노는 대상이었다. 바둑알은 개수를 비교하고 헤아리는 도구가 되어주었다. 바둑판에서 바둑알을 튕겨내는 놀이는 아이들의 손가락에 힘을 키워주었다. 상대편 바둑알을 튕겨내기 위해 각을 맞추며 적당한 힘을 사용하려고 애쓰는 상황에서 집중력도 키울 수 있었다. 우리 가족은 바둑판에서 바둑알을 맞추어 떨어뜨리는 놀이를 자주 했다. 그런 놀이가 싫증 나면 오목을 두었다. 계속 생각하며 진행해야 하는 오목 두기도 좋은 놀이 중 하나다. 서로 편을 나누어 대결하며 승부 욕구도 자극할 수 있는 놀이를 우리 가족은 재미있게 즐겼다.

그렇게 바둑 도구와 친해진 아이들과 조훈현 바둑 프로기사의 세계 바둑 대회 우승에 대한 뉴스를 보게 되었다. 그 뉴스를 시청하다 문득 "진홍아! 진영아! 바둑 한번 배워 볼까?" 하고 운을 띄웠다. 손가락 활동과 계속 생각하게 만드는 바둑은 두뇌에 자극을 주는 좋은 활동이라 생각했다. 두 아들의 두뇌에 영향을 줄 것이라는 우리의 이런 불순한 의도를 숨기고 바둑을 배우면 재미있겠다며 권했다. 여섯 살, 여덟 살인 두 아들은 뉴스에서 접한 바둑이 신기했는지 해보겠다고 당장 배우러 가보자고 했다.

큰아들은 적극적이고 새롭게 접하는 걸 좋아해 일단 해보자는 성격이라 당연히 하자고 덤빌 줄 알았다. 그런데 작은아들이 의외였다. 작은아들은 뭐든 시작할 때 조심스러워해 마음을 정할 때까지 기다려 주는 게 기본이었다. 우리의 의도가 먹힐 수 있도록 보이지 않는 노력을 하게 만들었다. 밑밥을 깔아 놓고 스스로 마음이 열리도록 도와야 하는 수고를 항상 하게 했다. 대신 그렇게 시작하면 꾸준히 실행하는 모습은 보여주었다. 그런 작은아들이 바둑을 배우자고 권유할 때는 달랐다. 도구와 친숙해져 있어서인지, 형과 함께하는 게 좋아서인지는 모르겠지만 적극적으로 배우겠다며 나섰다.

기원을 다니기 시작한 후 아이들은 도서관에서 바둑 기본 교재를 대출해 열심히 보고 스스로 학습했다. 기원에서 주는 교재도 있었지만, 그것에 그치지 않고 책을 찾아보는 욕심까지 보였다. 큰아들은 무엇을 하든 욕심이 많았다. 잘 하고 싶고 칭찬받고 싶은 의욕이 넘치는 아이였다. 그래서 몰입도 잘했다. 큰아들은 방향만 제시하면 알아서 열심히 찾아가는 성향이다. 작은아들은 무슨 생각을 하는지 무엇을 원하는지 잘 드러내지 않는 성향이다. 진짜 생각을 읽어 내려면 많은 정성을 들여야 했다. 달라도 너무 다른 두 아이는 교육자인 나에게는 좋은 연구 대상이었다. 덕분에 우리 반 학생들을 교육할 때 열린 사고로 교육할 수 있는 자세가 갖춰졌다고 생각한다. 내 속에서 나온 두 아들이 저렇게 다른데 부모와 환경이 다른 우리 반 학생 한명 한명이 어찌 같을 수 있겠는가 싶었다. 나는 전교생 한 사람 한 사람이 다를 수밖에 없음을 늘 인지하며 교육했다.

바둑은 두 아들의 놀이가 되었다. 처음에는 기원에 다녀온 후 기보를 외우고 연습하는 것을 서로 경쟁하듯 했다. 익숙해진 후에는 두 아들이 바둑을 두며 놀았다. 바둑을 통해 상대의 생각을 읽고 대처하는 자세를 놀이처럼 배웠다. 눈에 보이는 대로만 판단 해서는 안 된다는 것을 바둑판에서 알아갔다. 앞으로 전개될 내용을 예측하고 대비할 수 있는 생각의 확장은 문제해결 능력을 자연스럽게 키워나가게 했다. 처음 우리가 의도했던 것보다 훨씬 많은 것을 아이들은 바둑을 통해 받아들이고 있었다.

모든 활동을 놀이로 즐길 수 있을 때 교육적 효과도 더 커질 수 있음을 꼭 생각하자. 그러려면 아이들에게 절대 강요하지 말자. 스스로 의욕이 생길 때까지 분위기만 조성하며 하고 싶은 생각이 넘쳐 부모를 조를 때까지 기다리자. 부모가 먼저 안달 나면 아무리 좋은 것도 소용없다. 아이가 안달 나도록 만들고 못 이기는 척 들어주는 것이다. 그럴 수 있을 때 교육적 효과는 극대화된다.

제대로 노는 놀이가
학습으로 연결돼요

현재 서른하나와 스물아홉인 두 아들이 건장하게 성장한 모습을 보면 부모로서 뿌듯하며 기분도 좋다. 건강한 정신과 신체를 만들기 위해 지금도 노력하는 모습은 신기할 정도다. 큰아들은 대기업 연구소에 근무하면서 바쁜 와중에도 웨이트 트레이닝과 테니스, 러닝 등 다양한 운동으로 자기 몸과 스트레스를 관리하며 열정적으로 살고 있다. 작은아들 역시 박사 학위 논문 마무리와 연구실 생활로 바쁘고 힘들지만, 꾸준히 규칙적인 웨이트 트레이닝을 한다. 테니스를 즐기고, 수영, 실내 암벽 등반 등 기회가 되는 대로 각종 스포츠 활동으로 자신을 관리한다. 밤늦게까지 일하고 연구하는 생활에서 지치고 힘든 몸과 마음을 운동으로 풀어야 한다는 생각은 두 형제가 똑같다. 아마도 어릴 때부터 아빠와 함께 시작한 각종 운동의 힘을 인지하며 그 영향으로 이렇게 성장했다고 생각한다. 운동이 생활화된 아이들은 성장 과정에서도 또래와 어울리는 데 좋은 영향을 끼쳤다.

일반적으로 남자아이들이 좋아하는 축구와 농구 같은 단체 운동은 그들의 소통에 아주 중요한 역할을 하는 종목이다. 아빠와 몸으로 노는 놀이를 많이 접한 남자아이들은 운동을 통해 적극적으로 소통함으로써 사회성이 발달된다. 이 아이들은 신체와 정신이 균형을 이루며 민첩한 행동과 타인을 이해하는 능력 등 모든 면에서 건강하게 성장한다. 아이들의 성장은 놀이를 통해 이루어진다는 생각을 가진 우리는 다양한 시도를 했다. 유아기에 남편이 사소한 소재를 창의적으로 만들어 몸으로 놀아주면 아이들은 아주 재미있어 했다. 성장 시기에 따라 놀이를 위한 규칙을 같이 정하고 지킴으로써 규칙 준수에 대한 교육도 함께 이루어질 수 있었다.

남편의 몸으로 놀아주는 활동은 유아기일 때 리듬에 맞춰 지시어대로 따라 하는 간단한 동작부터 시작했다. 누구나 잘 알고 있는 '머리~ 어깨~ 무릎…'과 같은 기존 활동을 비롯해 그런 기존 놀이를 다양하게 변형하며 아이들과 놀았다. 이런 활동은 신체 발달과 함께 말을 배울 때도 아주 유익했다. 간단한 지시어 듣고 몸동작하기, 간단한 단어 찾기 놀이, 끝말잇기, 거꾸로 말하기 등 글을 몰라도 할 수 있는 언어 놀이가 참 많았다. 사고력이 발달할 시기는 스무고개 놀이도 많이 했다. 어휘력을 발달시킬 수 있는 다양한 놀이를 남편만의 방법으로 만들어 가며 놀았다. 이런 활동은 나보다 남편이 훨씬 잘 구성하고 아이들을 재미있게 해주는 능력이 있었다.

우리는 두 아들의 한글 교육을 위해 별도로 학습시키려는 노력은 하지 않았다. 누구나 하던 그림으로 한글을 익힐 수 있게 만든 인쇄물을 붙여놓기는 했지만, 그것도 놀이의 소재일 뿐이었다. 큰아들은 한글을 알고 싶을 때 자기가 유치원 선생님께 한글 교육을 부탁했었다. 배우기 시작한 후 얼마 지나지 않아 익히는 모습을 보였다. 작은아들은 어떻게 한글을 알게 되었는지도 모르게 습득했다. 우리의 놀이를 통한 활동에서 자연스럽게 두 아들이 한글과 친해진 모습이었다.

수 개념도 마찬가지다. 다양한 숫자 놀이, 퍼즐 맞추기, 바둑알로 튕기며 놀기, 숫자 카드로 놀기, 블록으로 놀면서 수 개념과 공간 이해하기, 시장 놀이를 통한 간단한 계산하기 등 다양하게 수를 사용하며 놀았다. 이런 놀이는 아이들이 자연스럽게 수에 대한 개념, 크기와 양의 비교 등 수의 기본을 알게 해주었다. 크기가 다른 블록을 이용해 필요한 물건과 구조물을 만들면서 공간을 이해하는 능력도 키웠다. 아이들은 자신의 장난감과 블록 등으로 다양한 놀이 방법을 찾아 창의적으로 놀았다. 형제는 놀이를 통해 학습하고 성장하며 사고력이 발전해 갔다.

동성의 두 아들을 양육하면서 좋았던 점은 3~4살만 지나도 같이 재미있게 놀 수 있어 부모의 역할이 줄어들었다는 것이다. 일정 기간까지 둘을 함께 키울 때는 더 힘들었다. 몇 년이 지나니 두 아들은 우리 도움 없이 놀게 되어 약간의 자유시간도 주어졌다. 그저 여유롭게 지켜보며 기다려 주었다. 아주 가끔 다툼이 있을 때 두 아들의 이야기를 들어주었다. 이야기를 듣고 서로 배려할 수 있도록 교육하며 중재만 잘해 주면 되었다. 두 아들의 블록을 이용한 놀이 활동은 초등학생이 끝날 때까지 이어졌다. 성장해 갈수록 공간 구성을 복잡하게 하며 자기들 이야기 구성도 탄탄해지고 다양해졌다. 유아기부터 사용한 큰 블록을 포함해 성장 시기에 따라 다양한 크기와 종류의 블록을 구매해 주었다. 그것들은 세상에 하나뿐인 두 아들의 장난감이 되었다. 블록으로 만드는 것은 무궁무진해 만들고 해체하고 새롭게 만들며 재미있게 놀았다.

우리 부부는 결혼 초 경제적으로 넉넉하지 못해 풍족한 환경을 만들어 주지 못했다. 경제적으로 안정이 되었을 때도 아이들이 원하는 걸 한 번에 들어주지 않았다. 아이들은 약간의 결핍을 느낄 때 소중함을 안다. 그리고 원하는 것을 갖기 위해 노력하는 모습도 보인다. 이것은 아이들뿐만 아니라 대부분 사람이 그렇다. 결핍이 필요 이상으로 문제 되어 의지를 꺾는 수준만 아니면 된다. 적당한 결핍은 그것을 해소하기 위해 노력하게 만든다. 친정아버지께서는 "맞벌이로 인해 아이들이 안 된 마음이 든다고 해서 돈으로 보상하려고 하지 마라. 돈 버리고 아이들 버린다."라고 맞벌이하는 우리에게 항상 주의를 주셨다. 경제적으로 아쉬움을 모르게 되면 자기 노력으로 얻고자 하는 마음과 성취 욕구가 사라진다는 말씀이었다. 나도 아버지 말씀을 충분히 공감하고 있었기에 아이들 요구를 쉽게 들어주지 않았다. 대신 자기들의 필요에 대하여 논리적으로 나를 설득하라고 말했다. 아이들이 필요한 것을 요구하기 시작할 때부터 그렇게 교육해 왔더니 두 아들은 전혀 불만이 없었다. 우리는 아이들의 논리적인 설득이 좀 어설퍼도 필요하다는 생각이 들면 들어주었다. 장난감 또한 그렇게 구매해 가질 수 있었기에 아이들은 장난감과 놀이 도구를 아주 소중하게 생각했다.

놀이가 끝나면 반드시 정리하고 다른 활동을 하도록 교육했다. 놀이가 끝났음에도 정리하지 않은 상태로 있으면 처음에는 주의를 주며 기다려 주었다. 일정한 시간이 지나도 정리되지 않으면 그대로 쓰레기통에 버렸다. 그 상황을 경험으로 한 번 인지시킨 후는 스스로 정리를 잘했다. 만약 당장 정리하지 못하는 경우가 되면 아이들은 정리할 시점을 말하며 그대로 두기를 부탁해 왔다. 물론 그럴 때는 기다려 주는 것이 당연하다. 어쨌든 기분 좋게 몰입해 놀게 해주고 뒷정리까지 할 수 있도록 교육하는 것이 좋다. 그것은 학습할 시기가 되면 학습에 몰입할 수 있고 생활 습관 형성에도 영향을 미치게 된다. 유아기나 아동기에는 모든 교육이 놀이를 통해 이루어져야 한다. 놀이를 통한 교육은 효과적으로 아이들에게 영향을 미칠 수 있음을 잊지 말자.

⑨

펀드가 뭐예요?

경제 교육

아이들의 경제 교육은 언제 해야 하는가를 고민했다. 아이들 이름으로 통장 개설은 미리 해주었다. 친척들이 주시는 돈을 각자 자기 이름의 통장에 저금하는 것은 하고 있었다. 통장에 저금하게 만든 것은 즉흥적으로 소비하지 않도록 교육하기 위한 정도였다. 두 아들에게 제대로 된 경제 교육에 대한 시기와 방법은 자료를 찾아보며 연구했다. 여덟 살에서 열 살 정도가 되면 경제 개념을 이해하기 시작한다고 했다. 나는 작은아들이 초등학교에 입학하면서 두 아들에게 용돈을 주고 경제 교육을 본격적으로 시작했다. 처음에는 주 단위로 용돈을 주다가 나중에는 월 단위로 주었다. 용돈을 받으면 용돈 기입장을 쓰게 했다. 용돈 사용처를 기록하는 것은 물론 처음부터 계획적으로 사용할 수 있도록 용돈 사용 계획서도 작성하게 했다.

용돈에서 매달 일정액을 저금할 수 있도록 교육하고 그 저금을 어떤 방식으로 할지 같이 알아보자고 했다. 경제 교육을 시작하고 6개월 정도 지난 뒤 두 아들이 초등 1학년, 초등 3학년이던 여름방학 어느 날 이었다. 농협은행의 한가한 시간을 이용하여 창구 직원께 음료수 한 박스를 드린 후 부탁드렸다. 두 아들에게 적금에 대한 설명과 계좌개설을 하도록 도와달라고 했다. 아이들에게 예금과 적금에 대한 설명을 꼼꼼하게 해 주서서 잘 이해하는 모습이었다. 그리고 스스로 적금통장 가입을 위해 서류를 작성하고 자기 통장을 만들었다. 또한 증권회사에 가서 펀드에 대한 설명도 들었다. 특히 적립식 펀드에 대한 설명을 자세히 듣고 이해하며 펀드 계좌도 개설했다. 자기들의 예금 통장에서 일정 금액이 매달 적립식 펀드로 자동이체되도록 처리하는 과정에도 참여했다. 큰돈은 아니지만 아이들 용돈 안에서 처리할 수 있는 정도의 금액을 이용해 다양한 방법으로 저축할 수 있음을 안내했다. 그리고 안정적으로 하는 소극적인 저축 방법과 위험할 수도 있지만 더 높은 수익을 올릴 수 있는 적극적인 투자 방법이 있음을 알려주었다. 또한 주식이 어떤 것인지 설명을 듣고 그 주식에 투자하는 방법이 직접투자와 간접투자가 있다는 것도 배웠다. 그것을 통해 두 아들은 자기들이 간접투자를 선택했다는 것도 알게 되었다.

경제 교육은 생활 속에서 이루어져야 한다. 용돈 관리는 어떻게 해야 하고, 물건을 살 때는 어떤 기준으로 구매해야 하는지 알게 해야 한다. 나를 위해 소비하는 것과 타인을 위한 소비도 필요하다는 것을 이해하게 도와주어야 한다. 소비활동을 비롯해 우리가 살아가는 모든 활동은 경제와 관련이 있다는 것을 아이들에게 가르쳐야 한다. 이때 돈의 중요성을 당연히 가르쳐야 하지만, 돈보다 더 중요한 게 있음을 꼭 알려주자. 그래서 돈의 노예가 되는 일이 없도록 가치관을 형성시켜 주는 것이 중요함을 잊지 말자. 무조건 저축만을 강조하지 말고 합리적인 소비를 할 수 있도록 교육하고 미래를 위해 준비하는 자세를 가르쳐야 한다.

　더불어 같이 사는 사회에서 서로가 행복하게 살아가기 위해서는 기부할 수 있는 자세도 교육해야 한다. 부모가 나누는 자세를 보이면 아이에게 자연스럽게 교육이 된다. 나는 교직 생활 중 받는 월급 일부를 적은 금액이라도 아이들과 관련된 몇 개의 단체에 30년 동안 기부해 왔다. 일정 금액을 매달 기부하는 걸 두 아들에게 이야기하며 기부의 필요성을 교육했다. 앞으로 건전한 사회인이 되기를 바라며 나누는 자세와 마음에 관하여 교육하였다.

생활의 활력을 높이는
피아노를 배워요

　육체적 강인함에 정신적 부드러움을 더할 수 없을까 하고 찾은 곳이 피아노 학원이었다. 피아노 학원을 찾은 또 다른 목적 하나는 아이들의 손가락 자극은 두뇌 발달과 연결될 것이라는 우리의 욕심에서 비롯되었다.

　큰아들이 네 살 되던 해 피아노 학원을 찾았더니 한글을 모르면 레슨해 줄 수 없다고 했다. 그래서 피아노 학원은 다음에 보내기로 하고 음악으로 놀 수 있는 음악학원을 찾았다. 어린이집 같은 곳인데 타악기와 더불어 음악으로 놀이하며 활동하는 곳이었다. 큰아들은 그 덕분이었는지 초등학생 때부터 음감과 리듬감이 좋았다. 물론 일곱 살부터 초등학교를 졸업할 때까지 다닌 피아노 학원의 영향도 있었을 것이다. 우리 가족이 영화를 보고 온 날 초등학생이던 큰아들의 음악적 감각을 알게 되었다. 피아노 앞에 앉아 영화에서 사용된 곡의 음을 찾아가며 몇 번 연습하더니 바로 그 곡을 연주했다. 얼마나 신기하던지 지금도 그때를 생각하면 대단하다고 여겨지며 기분이 좋아진다.

작은아들도 일곱 살 되던 해부터 같은 피아노 학원에 다녔다. 형처럼 음악으로 놀이 활동을 한 음악학원에는 우리의 이사로 인해 다니지 못했다. 그래도 피아노 학원은 7년을 꾸준히 다녔다. 큰아들과 작은아들은 음악적 감각에 확실히 차이가 있었다. 나의 임신 중 음악에 노출된 정도와 큰아들의 일곱 살 이전에 다닌 음악학원이 좋은 영향을 미쳤는지는 확실하지 않다. 하지만 피아노를 배우는 과정에서 그 차이를 느낄 수는 있었다. 특히 큰아들은 피아노를 배우면서 즐기는 모습을 보였다. 작은아들은 싫어하지는 않았지만 즐기지도 않는 것 같았다. 두 아이는 피아노와 태권도를 7년 동안 배우며 그 분야의 학습과 함께 성실한 자세로 꾸준하게 해가는 습관을 몸에 익혔다.

우리 부부는 피아노를 연주할 줄 모른다. 우리의 어린 시절은 그런 활동에 교육적 투자를 할 수 있는 집이 흔하지 않았다. 우리 형편은 피아노를 배우는 것이 사치스러운 활동이었다. 우리가 하고 싶었던 과외활동을 아이들에게 교육하고자 했는지도 모른다. 그러나 두 아들에게 피아노를 배우라고 강요한 적은 절대 없다. 다만 초등 4학년 때 피아노를 그만두고 싶다고 한 일이 있었다. 배우던 단계에서 뜻대로 잘되지 않아 속상해하며 포기하려는 생각을 보였다. 정말 하기 싫어하는 건지 아니면 그 곡을 반복 연습하는 게 힘들었는지 살폈다. 단순한 슬럼프라고 여겨져 설득한 경우는 있다. 스스로 선택한 일에 책임을 지도록 하는 마음에 대하여 말했고 아이는 받아들였다. 그 후 슬럼프를 이겨내며 자신의 목표를 성취하는 모습을 보였다.

큰아들은 "이렇게 오랫동안 피아노를 배운 결과를 봐야겠어요. 피아노 콩쿠르에 참가하고 싶어요. 수상을 목표로 열심히 준비해서 상 받고 그때 정리해도 할 겁니다." 하고 목표를 스스로 정했다. 큰아들은 체르니 30번까지 배운 후 초등 5학년 때 지역대회에서 최우수상을 받았다. 작은아들도 형처럼 하겠다며 성취욕을 높였고 역시 초등 5학년 때 중앙음악 전국 콩쿠르에서 3등 상을 받았다. 아이들은 자신들의 노력을 그렇게 증명하며 중학생이 되자 피아노 학원을 그만 다녔다. 중학생이 된 후 아이들에게 피아노는 마음의 안식처 역할을 했다. 공부에 열중하다 정신적으로 여유가 필요하면 피아노 앞에서 자신이 좋아하는 곡을 연주하며 즐겼다.

학원에서 배운 것을 연습해야 하는 피아노를 사기 위해 아이들은 자신들의 용돈 통장을 과감하게 내놓았다. 큰아들이 피아노를 배우기 시작한 지 2년 정도 되었고 작은아들이 막 피아노를 시작하게 되었을 때였다. 집에 피아노가 있으면 연습을 제대로 할 수 있겠다며 피아노 사기를 원했다. 좀 괜찮은 전자 피아노를 사려니 당시 가격이 120만 원 정도였다. 두 아들 통장에는 70만 원 남짓 있었다. 이것은 어릴 때부터 어른들로부터 받은 용돈을 자기들 통장에 저금해 가지고 있던 것이다. 자신들이 가진 돈으로 살 수 없었던 피아노를 우리가 보탬으로써 사게 되었다. 아이들은 아주 감사해하며 열심히 하겠다고 다짐했다. 지금도 아이들 방에는 피아노가 주인을 기다리고 있다. 자신들이 사고 싶어 하며 모아왔던 용돈까지 기꺼이 투자해서 사게 된 피아노는 아이들의 보물 1호였다.

아무리 도움 되고 좋은 것이라 해도 부모 생각으로 강요하면 안 된다. 그렇게 아이들을 지배하면 교육적 효과는 하나도 얻을 수 없고 오히려 부작용만 생길 뿐이다. 아이가 하고 싶어 하도록 만들어 스스로 선택하고 결정하게 만드는 것이 중요하다. 스스로 한 선택은 아이들 마음에서 내적인 힘을 발휘하게 만든다. 피아노 구매에 대한 것도 마찬가지다. 우리가 사줄 수도 있었겠지만, 아이들을 동참시킴으로써 피아노에 대한 애착과 함께 더 열심히 할 수 있는 태도를 가지게 했다.

정신과 육체가 자라는
태권도를 단련해요

    요즈음은 대부분 아파트 생활이 일반화되어 있다. 일반 주택에서 아이들을 자유롭게 키우고 싶지만, 맞벌이하는 상황에서 일반 주택 생활은 쉽지 않은 일이다. 그런데 아파트에서 두 아들을 양육한다는 것만으로도 오해받는 상황이 자주 벌어진다.

    일반 주택 2층에 전세로 살며 같은 골목 몇 가구 지나있는 댁에 아이들을 맡겼다. 그 환경에 있던 시기인 큰아들이 여섯 살까지는 층간 소음 문제가 없었다. 1999년 7월 처음으로 우리 명의의 집을 마련해 새 아파트에 입주하게 되었다. 입주한 둘째 날 새벽 4시 30분쯤 문 두드리는 소리에 깜짝 놀라 잠에서 깼다. 갑자기 잠에서 깬 관계로 몸을 떨며 문을 열었더니 문 앞에 웬 아저씨 한 분이 버티고 계셨다. 그 아저씨는 대뜸 "아니 잠 좀 잡시다! 새벽부터 쿵쾅거려 잠을 잘 수가 없네."라며 아래층 아저씨라고 생각되는 분이 화를 내고 있었다. 나는 "우리는 지금 모두 자고 있는데 무슨 일이시죠?" 하고 물었다. 너무 순간적으로 일어난 일이라 자다 깨서 아무 생각이 나지 않았고 대처할 수 없는 상태였다. 아저씨는 우리 집에서 난 소리가 아니라는 것을 확인한 후 말없이 내려가 버렸다. 정신을 차리고 생각하니 억울했지만 앞으로 우리 아이들이 어떤 상황을 마주하게 될지 걱정이 앞섰다. 날이 밝자 롤 케이크를 선물로 준비한 후 아래층에 두 아들과 함께 인사를 갔다. 내가 "앞으로 잘 부탁드립니다. 아이들이 소란스럽지 않게 교육하여 피해 되는 일이 없도록 노력하겠습니다." 하고 말씀드렸다. 아이들도 옆에서 "저희도 조심조심 다니겠습니다."라고 했다. 나와 아이들이 이렇게 인사드리니 아래층 부부는 "새벽에는 미안했어요." 하고 말했다. 앞으로 잘 지내보자고 하며 두 아들에게도 좋은 말씀을 해주셨다. 큰아들이 여섯 살, 작은아들이 네 살이었으니 아래층 입장에서는 나이와 성별만으로도 부담스럽고 싫은 상황이었을 거다. 요즈음은 이웃 간 층간 소음 문제가 아주 심각해져 아파트에서 아이를 양육한다는 것이 더욱 부담스러워졌다.

우리가 아파트 생활을 하게 된 첫해에는 다행히 아이들을 양육하시던 분이 주택에 살았다. 덕분에 낮에는 마음껏 놀다 집으로 돌아와 큰 문제가 없었다. 그런데 큰아들이 일곱 살, 작은아들이 다섯 살이 되는 이듬해 3월 나의 근무지가 창원에서 김해로 이동되었다. 그로 인해 아이를 그 댁에 맡기고 출근하는 게 어려워졌다. 우리가 거주하는 아파트 단지에서 아침 시간과 유치원 하원 후 아이들을 돌볼 분을 구해야 했다. 그리고 두 아들의 에너지를 밖에서 소진시켜 집안에서는 조용하게 생활하도록 만들 방법을 찾아야만 했다. 이런 사정으로 큰아들이 일곱 살부터 아파트 단지에 있는 태권도 학원에 다니게 되었다. 물론 굉장히 활동적이었던 큰아들은 태권도 학원에 다니기 좋아했다. 관장님도 좋은 분이어서 아이의 정서 교육에 많은 도움을 주셨다. 그때 시작한 태권도는 중학교 1학년 때까지 이어졌고 4품의 자격을 취득했다. 중학교 1학년 때는 지도자과정을 수료하고자 했으나 지도해 줄 분이 주변에 없어 그만하게 되었다. 작은아들도 일곱 살이 되던 해에 태권도를 시작했다. 새로운 시작을 망설이는 성향의 작은아들은 역시 태권도 학원 가기도 주저했다. 관장님께 사정을 말씀드리며 일주일만 형을 따라가 구경할 수 있도록 해달라고 부탁드렸다. 남편과 의논 후 구경하다 배우고 싶은 마음이 들 때 시작하게 하자며 지켜보기로 했다. 며칠을 그렇게 형을 따라다니더니 재미있어 보였는지 태권도를 배우겠다고 나섰다.

작은아들 또한 시작한 후 7년이라는 긴 시간을 꾸준하게 다녔다. 작은아들은 태권도 시작 후 1년이 조금 모자란 시점에 이사함으로써 1품에 도전할 시기를 놓쳤다. 이사한 곳에서 다시 1년을 더 다닌 후 1품 자격을 갖추었다. 최종 3품 자격증을 취득했고 작은아들은 그 1년을 두고두고 아쉬워했다. 태권도를 배우며 발가락뼈가 부러지는 사고로 깁스하는 상황도 발생했었다. 그래도 육체단련을 통한 정신 교육, 사회성과 도덕성 등에 관한 교육으로 좋은 인성을 형성하는 데 도움받았다. 태권도는 단계를 밟아 가며 자신의 목표를 이루기 위해 도전하고 성취하는 기쁨을 알게 해주었다. 두 아들에게 긍정적 에너지와 자신감을 가지게도 만들어 주었다. 남자아이에게는 힘을 발산할 수 있는 환경을 만들어 주어야 한다. 긍정적으로 에너지를 발산함으로써 육체적 성장과 함께 정신적 성장도 이루어지기 때문이다.

두 아들은 각각 초등 6학년 여름방학을 이용하여 뉴질랜드에서 홈스테이 생활을 했다. 한 달 동안 그 나라의 초등학교에 다녀보는 체험이었다. 그때 자신의 특기를 발표하는 활동이 있었다. 두 아들은 7년 동안 갈고 닦은 태권도를 그 학교 아이들 앞에서 시범을 보였다. 처음 시작은 두 아들의 에너지를 다스리기 위해서였다. 뒤에는 스스로 신체를 보호할 수 있는 운동 한가지는 평생 해야 한다는 우리 부부의 생각이 더해져 아이들은 오랜 시간 태권도를 하게 되었다. 더불어 오랫동안 하나의 운동을 하면서 꾸준하고 성실한 자세를 갖게 되는 효과도 발생했다. 사람은 신체적으로 강하다고 느낄 때 자신감이 생기고 정신적으로도 긍정적인 생각을 할 수 있다.

자전거 타기에 도전해요

(성취감)

큰아들이 처음 두발자전거를 타게 된 순간을 잊을 수 없다. 아이의 두발 자전거 타기가 일반적으로 부모에게는 통과 의례처럼 숙제이기도 하다. 처음 도전하는 순간에 느끼는 부모의 불안과 걱정, 잠시라도 성공적으로 타게 되었을 때 감동의 순간이 교차 되는 경험을 하게 된다. 아이의 성장은 두발자전거 타기를 하는 과정과 같다는 생각을 해봤다.

처음에는 세발자전거로 안정감 있게 부모의 도움을 받으며 움직이기 시작한다. 다리 힘이 좀 생기면 혼자 페달 밟는 방법을 익히고 서서히 전진한다. 좀 더 자라면 두발자전거로 옮기며 처음에는 보조 바퀴를 달고 타게 된다. 그러다 보조 바퀴를 제거하고 균형을 잡기 위해 노력하며 탄다. 이때 부모는 뒤에서 잡아주다 아이 모르게 서서히 손을 놓고 지켜보는 과정을 반복하며 가슴 졸인다. 아이는 넘어지고 일어서기를 반복하며 두발자전거 타기를 연습한다. 그러다 어느 순간 자연스럽게 자전거를 탈 수 있다. 탄력이 붙으면 신나게 내달리며 즐긴다.

우리 인생 모습과 닮았다는 생각이 많이 든다. 아이의 성장을 제대로 도와주고 싶다면 두발자전거를 타게 되는 과정에서의 부모 역할 정도가 필요하지 않을까 한다. 과하지도 모자라지도 않는 적절한 부모 개입으로 아이 스스로 성장하게 만드는 효과가 있다. 나는 큰아들의 성장을 지켜보며 이런 생각을 수없이 했었다.

큰아들의 두발자전거 타기는 남편과 시작했지만, 성공은 나와 함께 이루어졌다. 시간이 될 때마다 남편은 집 근처 학교 운동장에 아이를 데리고 갔다. 보조 바퀴를 단 자전거로 중심 잡고 코너를 돌게 하며 자전거 타는 감각을 익히게 했다. 보조 바퀴를 단 상태에서 얼마 동안 혼자 자전거 타기를 즐겼다. 2000년 봄에서 여름으로 향하던 어느 일요일에 일직 근무를 위해 아이를 데리고 출근했다. 당시 토요일은 오전 근무, 일요일은 교사들이 순번제로 당직 근무를 했다. 내가 근무하는 동안 큰아들은 운동장에서 자전거 타기를 열심히 연습하고 있었다. 그날 아침에 보조 바퀴를 제거한 후 오전 내내 넘어지고 일어서기를 반복하며 탔다. 창문을 통해 지켜보니 고군분투하고 있는 모습이 안쓰러웠다. 학교에 일찍 출근해 근무 시간이 되기 전 몇 번 잡아주었다. 혼자 중심 잡아가는 것을 확인한 후 당직실로 왔다. 아침부터 운동장에서 정말 열심이었다. 큰아들은 오전 내내 반복된 연습을 했다. 어느새 점심시간이 되었다. 점심을 먹기 위해 당직실로 온 아이 얼굴은 흙먼지와 땀으로 범벅이 된 모습이었다. 기분 좋은 표정으로 하얀 이를 드러내며 큰아들은 자랑스럽게 말했다. "엄마! 이제 잘 탈 수 있어요. 코너 도는 연습이 힘들었지만 이제 잘할 수 있어요."라고 말하며 환하게 웃었다.

코너 돌 때 중심이 잘 안 잡혀 힘들었는데 오전 내내 코너 도는 연습을 열심히 했다고 말했다. 그래서 이제는 넘어지지 않고 탈 수 있게 되었다고 한다. 점심을 먹고 난 뒤 아이는 자전거 타는 모습을 보여주겠다며 운동장으로 나를 이끌었다. 씽씽 신나게 달리는 아이의 모습을 보며 가슴이 벅차오르는 감정을 느꼈다. 내 감정이 이 정도인데 당사자인 아이는 어땠을까 하는 생각이 들었다. 넘어지고 또 넘어지며 흙먼지를 뒤집어쓰고 무릎도 다치며 아팠을 텐데 포기하지 않았던 아이다. 그렇게 몰입하는 모습을 보여준 아이는 자신에 대한 믿음을 키우며 자존감이 한층 높아지는 경험을 했다. 나는 땀으로 얼룩지고 흙투성이가 된 큰아들을 꼭 안아주며 칭찬과 격려를 아끼지 않았다.

"우리 아들! 정말 대단하다. 넘어지고 다쳐도 울지도, 포기하지도 않고 결국 이렇게 해냈네."
"에이 난 잘할 수 있단 말이에요. 이 정도는 아무것도 아니에요."라며 활짝 웃었다.

내가 근무를 마칠 때까지 혼자 운동장에서 신나게 자전거를 탔다. 아마도 그날 아이는 성취감을 한없이 느끼며 자신에 대한 믿음으로 가슴 벅찬 경험을 했을 것이다. 세상 부모들은 아이가 다치거나 실패하게 되는 것을 아주 두려워한다. 나도 그런 상황은 싫지만, 그런 과정을 거치지 않으면 아이의 성장을 기대하기는 힘들다. 우리는 '아픈 만큼 성장한다.'라는 말을 자주 한다. 누구나 성장을 위한 대가는 있다고 여기는 것이다. 더불어 나는

'세상에 공짜는 없다.'라는 말을 입에 달고 산다. 무엇을 얻기 위해서는 그 대가를 치를 수 있어야만 진정으로 내 것이 될 수 있다는 생각 때문이다. 아이의 성취 경험은 누가 대신 해줄 수 없다. 시간과 노력을 투자해야만 느낄 수 있는 소중한 감정이다. 시간이 지나면 없어질 육체적인 상처가 마음 아프다고 여기지 말자. 한 번에 성공하지 못해 받게 될 마음의 상처에도 안타까움을 두지 말자. 그런 이유로 아이가 도전하려는 기회를 빼앗는 것이 진짜 상처다. 나의 아이가 성장하면서 어떤 사람이 되기를 원하는지 잘 생각해 보자. 부모는 독립적인 자아로 적극적이고 긍정적인 삶을 사는 아이를 원할 것이다. 그런 인간으로 성장하기를 원한다면 아이의 성장 시기에 따라 필요한 도전으로 성취의 기쁨을 맛보게 해주자.

자기주도 1등 아이를 위한 부모교육 Q&A

Q1. 아이 성향에 따라 교육하려면 어떻게 해야 하나요?

아이를 있는 그대로 인정하며 다른 아이와 비교하지 않아야 해요. 적극적 성향의 아이는 다양한 경험을 제공하고 타인과 활동에서 욕심을 부리지 않게 조절해 주세요. 소극적 성향의 아이는 부모가 먼저 모범을 보이며 참여를 이끌어 주세요. 하지만 강제로 끌고 가려는 태도는 안 돼요. 아이를 더 소극적으로 만들어요.

Q2. 창의성이 풍부한 아이로 키우려면 어떻게 해야 하나요?

아이와 놀이를 통해 교육하는 게 좋아요. 하나의 놀이 도구를 다양한 방법으로 이용해 놀아주는 것이 사고를 확장시켜주어요. 그림책은 글과 그림을 이용해 상상하도록 부모가 동참하며 즐거운 활동으로 만들어 주세요.

Q3. 아이가 제대로 놀게 하려면 어떻게 해야 하나요?

아이가 하고 싶은 활동을 즐겁게 할 수 있도록 해주세요. 다양한 활동 경험은 스스로 자신을 긍정적으로 생각하게 돼요. 어릴 때는 함께 놀며 호기심을 자극해 활동을 확장하도록 부모가 유도해 주세요. 부모가 강제로 시키면 절대 안 돼요.

성장 셋

가족 활동으로 **자신감**이 성장해요

TV를 없애면
가능한 일이 많아요

결혼하면서 산 TV는 평면으로 된 모니터가 아니라 뒤쪽이 아주 볼록한 형태의 TV였다. 어느 가정에서나 그렇듯 거실에 두었던 TV는 가족이 함께 시청할 수 있었다. 두 아들이 초등학교에 입학 전까지는 낮에 아이들을 돌보는 댁에서 생활했다. 아이들이 집으로 올 때는 내가 퇴근하면서 데리고 왔다. 그래서 TV로 인한 문제는 없었다. 낮이든 밤이든 항상 어른과 같이 있어 TV 시청을 조절할 수 있었기 때문이다.

두 아들 모두 초등학교에 입학하면서 문제가 발생했다. 우리가 직장에 있는 동안 집에 어른 없이 아이 혼자 있는 틈이 생겼다. 물론 가사 도우미를 해주시는 분이 아이의 귀가 시간에는 맞이해 주었다. 그분이 돌아가시면 TV 시청이 문제였다. 2003년에 작은아들이 입학한 초등학교는 1학년에게 급식을 주지 않았다. 아이는 점심시간 전에 집으로 왔다. 가사 도우미가 점심을 먹인 후 가시면 큰아들의 귀가 시간까지 작은아들은 무조건 TV를 켜놓고 생활했다. 큰아들이 귀가하면 같이 간식을 먹고 피아노와 태권도 학원으로 갔으나, 그전까지는 혼자 있어야 했다. 아무도 없는 공간에서 아이 혼자 심심하고 무서운 마음이 들었는지 TV를 켜고 생활하는 것이 습관처럼 되었다. 그래서 하루는 두 아들과 함께 이야기한 후 평소 사용하지 않는 방으로 TV를 가져다 놓았다. 아주 없애버리고 싶었는데 남편이 뉴스와 스포츠 정도는 볼 수 있어야 한다고 주장했다. 그러면서 사용하지 않는 방에 두면 안 되겠냐고 설득했다. 그래서 남편 말대로 TV를 사용하지 않는 방에 넣었다. 대신 시청 시간이 통제되지 않으면 그때는 없애자는 합의를 보았다.

거실에서 TV를 없애고 도서관처럼 서가와 큰 탁자를 놓고 생활했다. 그러자 놀라운 변화가 일어났다. 큰아들과 나는 원래 독서가 생활화되어 있어 상관없었는데 작은아들의 변화에 깜짝 놀랐다. 이전에는 책을 보게 만들려고 온갖 활동을 연구하며 시도했지만 모두 실패했었다. 그런데 거실에 TV가 없어진 어느 날부터 작은아들이 책을 보기 시작했다. 그렇게 시작된 작은아들의 독서는 초등학교 3학년 학예발표회 때 학교를 방문했던 나를 놀라게 했다. 소란스러운 속에서 작은아들이 책에 몰입하고 있는 모습을 보게 된 것이다.

우리 가족은 거실에 있는 탁자에서 책을 읽고 토론도 했다. 아이들의 학교생활 이야기도 수시로 들을 수 있었다. 학교에 다녀온 아이들은 서로 자기 말을 들어달라며 나에게 달려들었다. 저녁 준비를 할 때면 식탁에 앉아 자기들 이야기를 조잘거렸다. 아이들의 이야기에 반응하며 저녁을 준비하는 것은 행복한 시간이 되었다.

그러면 방안의 TV는 어떻게 되었을까. 우리 가족은 드라마는 잘 보지 않았기 때문에 큰 불편은 없었다. 뉴스 시간, 국가 대항 스포츠 중계 등은 구석방에 있는 TV 앞으로 가서 시청하는 즐거움을 소소하게 함께 누렸다. 단지 눈앞에 언제든 시청할 수 있던 TV를 눈에 띄지 않는 구석방으로 옮긴 것밖에 없었다. 우리 가족에게는 엄청난 변화가 일어난 것이다. 거실에는 도서관에서 볼 수 있는 큰 탁자를 설치했고 한쪽 벽면은 책꽂이를 맞춰 구성해 놓았더니 언제든 책을 읽고 이야기하는 공간으로 탈바꿈되었다.

그곳은 아이들의 학습 장소도 되어주었다. 중학생이 된 큰아들은 귀가하면 그날 학습한 내용을 복습하고 내일 배울 내용을 예습하는 공간이 되었다. 작은아들 역시 책을 읽으며 자기 생각을 키워가는 장소가 되었다. 더불어 TV가 없어진 곳에서는 가족과의 대화가 더 늘었고 같이 게임 하며 즐기는 공간으로 바뀌었다. 보드게임, 블록으로 만들기, 퍼즐 맞추기, 그림그리기, 책 읽고 토론하기, 서로 대화하기 등 수많은 활동이 자연스럽게 늘어났다.

독서로
마음의 양식을 채워요

94년생과 96년생 두 아들이 유아기를 보내던 1990년대 말부터 2000년대 초반에는 지금처럼 도서관이 많지 않았다. 다행히 창원시에는 경남도립도서관과 창원시립도서관이 잘 갖춰져 있어 아이들을 양육할 때 많은 도움을 받았다. 도서관은 우리 아이를 성장시키는 데 일등 공신 역할을 했다. 매주 두 도서관을 다니며 동화책을 비롯해 어린이 영어 도서까지 대출했다. 영어 도서는 오디오 북과 비디오 북도 함께 가져와 영어 교육에 활용했다. 우리 부부도 이때 많은 책을 읽을 수 있었다. 다양한 분야의 도서를 대출해 두 아들과 함께 독서를 즐겼다. 대출한 책 중 아이들이 유독 좋아하는 책은 구매해 주었다.

큰아들은 처음부터 책을 좋아하고 책과 함께 놀기를 즐겼다. 여섯 살까지는 한글을 모르니 귀찮을 정도로 읽어달라고 했다. 가끔 그림을 보면서 책을 읽고 있는 것처럼 행동하고 있었다. 작은아들은 책을 읽어주는 시기까지는 잘 들으며 좋아하는 듯했다. 그러나 오히려 한글을 완전히 익힌 후에는 스스로 읽는 것은 하지 않았다. 두 아들의 독서 활동에는 큰 차이가 있었다. 큰아들은 도서관에서 책을 빌려오면 바로 읽기 자세에 들어갔다. 한글을 익히기 전에는 집에 도착하면 우리에게 읽어달라고 조르기 시작했다. 한글을 익힌 후에는 혼자서 곧바로 모두 읽었다. 책을 친구처럼 여기던 큰아들이 일곱 살 때, 이때는 아이가 읽기는 할 수 있는 정도로 한글을 익힌 상태였다. 어느 날 퇴근해 저녁 식사를 준비하는 나에게 쉘 실버스타인의 『아낌없이 주는 나무』 책 내용을 읽는 것처럼 말하고 있었다. 내용을 이해하는지 궁금한 생각이 들었다. 일을 멈추고 아이에게 책 내용에 대해 순서대로 질문했다. 나무와 소년의 관계에 대한 것을 물으며 아이 생각을 들었다. 그리고 그런 관계를 보면서 아이는 어떤 생각을 하게 되는지 그 답변을 들으면서 놀랐다. 아이가 느낀 자기 생각을 하나하나 이유까지 설명해 주었다. 나무가 주는 사랑이 어떤 사랑인지를 구체적으로 표현했다. 받는 걸 당연하게 생각하며 찾아오는 소년의 태도를 비판까지 했다. 큰아들을 보며 '일곱 살도 이런 생각을 할 수 있구나.' 하고 생각했다. 거의 완벽하게 이해하고 말하는 아이와 함께 진정한 사랑이 어떤 것인지에 대하여 서로 이야기하는 과정까지 이루어졌다. 꾸준하게 우리와 활동한 결과를 보는 듯해 뿌듯한 감정이 생겼다. 독서는 이렇게 힘이 셌다. 아이의 생각이 우리도 모르는 사이 부쩍 자라고 있었다.

하지만 우리 작은아들은 달라도 너무 달랐다. 우리도 모르는 사이 한글을 어떻게 알았는지 받침 없는 글은 모두 읽었다. 만 3세를 지난 지 얼마 안 된 때였다. 유치원 등·하원을 도와주시며 아이들을 돌봐주는 5층 이모님이 받침 없는 글을 대부분 읽더라고 전해주었다. 그 말을 듣고 신기해 글을 읽혔더니 진짜 읽을 줄 알고 있었다. 문제는 만 4세 이전에 한글은 모두 알게 되었지만, 책은 읽지 않는다는 것이었다. 한글을 아는 것과 책을 읽는다는 것은 별개의 문제였다. 우리는 한글을 알고 책을 읽게 되면 상상력과 창의력이 대부분 글 속에 갇혀버리는 단점을 알고 있었다. 그 이유로 굳이 한글 교육을 해주려고 하지 않았다. 어쨌든 책을 읽지 않는 작은아들의 독서 활동을 자극하기 위해 무던히 애를 써야만 했다. 그렇다고 해서 아이에게 강요할 마음은 없었다. 자연스럽게 독서 활동에 흥미를 느끼고 스스로 참여하게 하는 방법을 연구했다. 그러한 연구 내용을 시도해 보는 과정만 있을 뿐이었다. 한 번은 전지 크기 도화지에 잎이 없는 큰 나무를 그린 후 여러 색을 이용하여 잎 모양을 많이 만들어 두었다. 우리 가족은 자기가 좋아하는 색으로 만들어진 잎을 각자 선택했다. 그때부터 읽게 되는 책의 제목, 지은이, 한 줄 감상평 등을 간단히 적은 후 그려놓은 나무에 한 달 동안 자기의 잎을 붙여보기로 했다. 아이들과 의논 후 활동을 시작했다. 처음에는 작은아들이 재미있게 달려들었다. 성공하나 싶었는데 일주일 정도 지나면서 형과 차이가 벌어지기 시작하니 포기해 버렸다. 이후에도 다양한 시도를 끊임없이 했지만 실패했다.

그런 노력의 시간이 지나고 드디어 작은아들이 책에 몰입하고 있는 순간을 발견했다. 의외의 시간과 장소에서 목격한 것이다. 작은아들의 초등학교 3학년 학급 학예발표회가 있던 날이었다. 다행히 시간을 낼 수 있어 처음으로 학교를 방문했다. 작은아들은 학교 행사에 항상 엄마가 참석하지 못한다는 걸 알고 있었다. 그날도 기대하지 않았는지 나를 찾을 생각도 없어 보였다. 담임 선생님께서는 발표 준비로 정신없이 바빠 보였다. 아이들은 책상을 뒤로 밀어놓은 공간에서 즐겁게 장난치고 있었다. 작은아들을 찾아보니 밀어놓은 책상 한편에서 시끄러운 와중에 책에 몰입하고 있었다. 한참 책에 몰입해 있던 아이는 담임 선생님의 시작을 알리는 말씀에 비로소 고개를 들었다. 교실 밖에서 지켜보던 나와 눈이 마주쳤고 아이는 활짝 웃으며 반겼다. 언젠가는 책 읽기를 바라며 기다렸더니 그런 모습으로 답해 주었다. 그 후로는 독서에 관한 걱정을 할 필요가 없었다.

초등학생 때부터 도서관에서 두 아들은 자기의 관심 분야 쪽 책을 골랐다. 나는 한두 권쯤 읽히고 싶은 책을 권유했다. 두 아들이 볼 수 있는 수준의 철학, 역사 등의 인문학 관련 서적과 재미있는 표현으로 된 수학, 과학 관련 책을 주로 추천했다. 내가 먼저 읽고 추천하는 책이었다. 두 아들이 읽으면 자연스럽게 책 내용을 토론하고 공감하며 의견을 나눌 수 있었다. 도서관에서 대출하는 책 분야도 초등 저학년 때는 주로 동화와 아동 소설 위주였다. 고학년이 되면서 수학과 과학 영역으로 바뀌어 갔다. 두 아이는 성장하면서 관심 영역이 비슷하게 변해갔다.

그렇게 열심히 도서관을 드나들다 보니 두 아들이 초등학교에 다니던 어느 한 해는 경남도립도서관으로부터 우수독서 가족 인증 증서를 받게 되었다. 도서관 관장님의 초대를 받아 기념사진을 찍고 차도 마시며 즐겁고 색다른 경험을 했다. 도서관은 우리 가족의 성장 도우미 역할을 제대로 해주었다. 아이들과 다양한 분야의 수많은 책을 접하면서도 경제적인 부담 없이 독서를 즐길 수 있는 행복한 시간이었다. 나는 퇴임한 지금도 매일 도서관을 이용하고 있다. 부모가 책을 가까이하면 자식도 기꺼이 그렇게 한다.

우리 가족은 휴대전화의 스피커 통화로 요즈음도 토론을 즐긴다. 두 아들이 현재 읽고 있는 책 내용과 사회 이슈를 주제로 대화한다. 이렇게 자신들의 생각을 우리와 공유하며 서로의 생각을 나누고 있다. 더불어 자기들의 지금 생활에 대해서도 잘 이야기해 준다. 남자아이들과 부모는 대화가 어렵다고들 한다. 이런 대화가 가능하게 하려면 어린 시절 부모와 어떤 관계 맺기가 되어 있느냐가 매우 중요하다. 입시 준비를 위해 책을 읽고 논술 방법을 익히는 것이 아닌 아이들과 부모가 진심으로 함께하는 독서를 해보자. 그것을 통해 서로 대화하다 보면 삶의 지혜를 찾을 수 있다. 독서는 가족이 함께 성장하는 기회가 된다.

③

스포츠 활동은
성장 활력소예요

태권도와 피아노를 7년간 배우면서 동시에 수영, 탁구, 테니스 중 하나씩 시차를 두며 배우도록 했다. 우리는 부모로서 아이들이 다양한 운동을 접할 수 있는 계기를 마련해 주고 싶었다. 남편은 탁구와 배드민턴, 테니스 등 각종 스포츠를 즐기고 있었다. 이런 남편은 아이들이 초등학생 때 놀아주면서 다양한 운동을 접하게 도와주었다. 같이 운동을 즐길 때 기본기를 배우면 더 잘할 수 있게 된다는 것을 알려주기도 했다. 두 아들은 아빠와의 운동에서 성취욕을 끊임없이 자극받았다. 더 잘하고 싶은 마음이 생기며 각 운동의 기본 동작과 자세를 배우려는 의지를 보였다. 그때마다 그 종목의 레슨을 받을 수 있게 해달라는 부탁을 우리에게 했다. 그러면 우리는 선심 쓰듯 허락해 주었다. 배우고 싶은 열정이 강한 만큼 각 운동을 배우는 동안 정말 열심히 노력했다. 아이들은 행복한 모습으로 배움을 즐겼다.

우리 세대는 항상 '체력은 국력'이라는 말을 들으며 자랐다. 그런데 이 말이 진리라는 걸 살면서 순간순간 느낀다. 내가 체력이 좋을 때는 무엇을 하든 자신감 있게 할 수 있었다. 체력이 바닥을 드러낼 때는 무엇을 하든 제대로 해내기 어려웠다. 그래서 두 아들에게 각종 스포츠를 접하게 하며 몸을 움직이는 활동으로 기초체력을 키워주려고 노력했다. 아이들은 아빠와 함께 탁구장에서 놀기를 즐겼다. 아빠에게서 탁구를 처음 접하면서 재미있었는지 탁구 레슨을 받겠다고 했고, 레슨 후에는 남편과 게임을 즐겼다. 남편은 아이들의 승부 욕구를 자극하며 재미있게 놀아주었다. 조금만 더 잘하면 아빠를 이길 수 있을 것 같은 정도의 자극을 준 것이다. 아이들은 학습에서도 목표가 너무 높으면 할 수 없다고 생각해 포기해 버린다. 그런데 조금만 노력하면 될 것 같은 생각이 들 때 최선을 다한다. 아이들과 게임을 하며 놀아줄 때 지나치게 점수 차이가 나지 않도록 주의해야 한다. 적절하게 조절하여 아이들의 의욕이 떨어지지 않아야 재미있게 할 수 있다. 물론 아빠가 봐 준다는 생각이 들지 않게 최선을 다한다는 모습이 보여야 한다.

될 듯 될 듯한 순간을 맞을 때 그 단계를 넘어서기 위해 자신도 모르게 몰입했던 경험을 해봤을 것이다. 남편은 아이들과 놀아줄 때 딱 그랬다. 점수 차가 벌어지면 아이들의 의욕을 꺾지 않게 보이지 않는 노력(?)을 했다. 덕분에 아이들은 져도 정말 아쉬워하며 다음을 기약했다. 가끔 이기게 되면 승리의 기쁨을 아낌없이 표출했다. 이런 경험들은 학습에 몰입하는 시기가 되었을 때 엄청난 힘을 발휘하게 된다. 그 힘은 타인의 강요가 필요 없게 된다. 아이 스스로 자기의 내부로부터 발산되는 의지로 학습에 몰입할 수 있게 만든다.

탁구는 재미를 위해 시작했다면 수영은 혼자만의 인내와 관련된 운동이다. 큰아들은 유아기 때부터 운동신경이 뛰어난 편이라 수영을 배우는 속도가 매우 빨랐다. 그에 비해 작은아들은 신체 조건이 약해 습득 속도가 느렸다. 작은아들이 수영을 배우고 있던 어느 날 수영 강습 장면을 위에서 내려다볼 기회가 있었다. 물 밖에서 양발을 서로 180도가 되도록 만들어 연습하며 걷고 있었다. 그때 너무 약해 보이는 아이가 안타까워 마음이 아팠다. 물론 이제는 아주 건장한 청년으로 멋지게 자라 있어 지나버린 걱정이 되었다. 초등학생 때 배우며 접했던 수영이 현재 대학원에서 연구 활동을 하며 건강을 위해 다시 소환되었다. 작은아들은 "엄마! 새로 시작하는 것 같이 아무것도 몰라 살짝 당황했는데 일주일 정도 지나니 그냥 되어져요." 하고 신기해했다. 어린 시절 몸으로 익힌 것은 항상 남아 있게 된다. 성인이 되어 배울 때 보다 어린 시절은 이해도가 낮아 많은 시간이 필요하다. 하지만 어릴 때 배웠던 것을 다시 시도하면 처음에는 어색해도 얼마 지나지 않아 자연스럽게 해낼 수 있다. 이런 경험이 누구나 한 번쯤 있을 것이다. 그래서 초등학생 때 될 수 있으면 많이 접하고 체험할 기회를 주자. 두 아들은 수영을 배우며 4가지 영법을 익히는 과정에서 목표를 세우고 단계별로 성취해 가는 기쁨을 누렸다. 또 신체가 건강해지는 효과는 덤이었다. 이 과정을 통해 성취하며 스스로 자존감을 키워가는 예쁜 모습을 나는 지켜볼 수 있었다.

테니스는 처음에 우리 부부의 권유로 시작하게 되었다. 큰아들은 초등학교 6학년, 작은아들은 중학교 1학년 때 배웠다. 이때쯤에는 아이들이 무슨 운동이든 재미있어하여 권하기만 하면 스스로 하고 싶어 했다. 특히 작은아들은 강사의 레슨 시간을 조절할 수 없어 한겨울 새벽에 테니스 레슨을 받게 되었다. 그래도 스스로 배우고자 하는 마음이 강하니 추운 겨울 새벽 6시에 이루어지는 레슨에 하루도 빠짐없이 참여했다.

나는 어린 시절 주산과 서예를 배운 경험이 있다. 내가 배우고 싶어 부모님께 배우게 해달라는 부탁을 드렸다. 그런 것을 배우는 동안 나 역시 단 하루도 빠지지 않고 열정적으로 참여했다. 주산은 초등 4학년 여름방학을 이용하여 배웠으며 한 달 만에 받을 수 있는 최고 급수를 획득했다. 서예는 초등 5학년 겨울방학과 6학년 여름방학을 이용해 한글 정자 쓰기와 흘림 쓰기를 모두 배웠다. 선생님으로부터 체본을 하루에 하나 이상 받아 진도 나가는 걸 목표로 했다. 매일 최선을 다해 몰입하며 목표를 항상 성취했던 경험은 나의 자존감을 높여주었다. 내가 스스로 선택한 건 아무리 힘이 들고 어려워도 포기하지 않았으며 목표를 이루었다. 그래서 우리 아이들에게도 강요한 적이 없다. 대신 스스로 선택한 것에 대해 책임감 있게 행동하기를 원했다.

그때 잠시 접했던 테니스가 지금 두 아들의 최애 스포츠가 되어 있다. 두 아들이 서울에 거주하고 있고 우리는 창원에 있는 관계로 자주 볼 수는 없다. 하지만 만나게 되면 남편과 두 아들은 테니스 칠 계획을 먼저 세운다. 큰아들은 우리나라 최고 기업의 연구실에 취업해 있다. 바쁜 직장생활을 하면서도 주말이면 테니스를 치기 위해 최선을 다한다. 작은아들 역시 박사 과정에서 연구 활동으로 힘들다. 그래도 주말과 야간을 이용하여 테니스 칠 계획을 잡기 바쁘다. 두 형제는 주말이면 서로 테니스 코트를 예약하고 만나 칠 수 있기를 소원한다. 요즈음 두 아이는 테니스를 치면서 자신들이 약하다고 생각하는 부분을 교습까지 받아 가며 진심으로 잘하고 싶은 열정적 모습을 보인다.

두 아이 모두 운동광이다. 큰아들은 강한 신체로 운동량이 많아도 무리가 없다. 작은아들은 뼈대가 약한 편이라 지나친 운동으로 팔목, 발목 등에 가끔 문제가 생긴다. 치료받을 때 서울대 박사 과정에 있는 사람들이 병원에 찾아오는 경우가 많다는 말을 의사 선생님이 했다. 움직임이 적어 허리나 목의 통증 때문이라고 말했다고 한다. 작은아들처럼 운동을 너무 많이 해서 오는 경우는 거의 없다고 했다. 헬스를 비롯해 시간이 주어지면 다양한 운동을 하는 게 습관화되어 기본 뼈대가 약한 작은아들에게는 무리가 있었다. 그럼에도 지속적인 연구 활동을 할 수 있는 끈기는 이런 운동으로 만들어진 체력의 힘이라고 여겨진다.

④

창원에서
진주까지 걸어가요

새벽 4시쯤 두 아들과 같은 아파트 단지에 살고 있던 친정 오빠의 오누이 조카들을 데리고 출발했다. 창원시 남양동에서 진주시 평거동까지 걷기로 한 것이다. 당시는 국토대장정을 한다는 뉴스가 많이 등장하던 시기였다. 우리는 평소 등산을 다니고 있어 아이들이 걷기에 대한 거부감이 없었다. 그래서 뉴스 내용을 듣다가 남편과 함께 아이들에게 불쑥 제안했다.

"우리도 할아버지 댁과 외할아버지 댁을 방문하기 위해 매번 다니는 길을 걸어서 한번 가볼까? 자주 다니는 길이지만 그 길에 어떤 게 있는지 아무것도 모르고 다녔잖아."

"다른 사람들은 우리나라 국토대장정을 한다는데 우리가 사는 지역을 알아보는 정도는 해보는 게 어때?" 이 말을 들은 아이들은 잠시 생각하더니 답했다.

"좋아요. 한 번 해봐요."

그렇게 결정한 후 계획을 세워 바로 실천하기로 했다. 큰아들이 5학년,

작은아들이 3학년이었고 두 조카도 각각 같은 나이였다. 매주 다니던 등산에서 그 주에는 창원에서 진주까지 걸어가기로 했다. 우리 아이 둘은 워낙 걷는 게 생활화되어 있어 괜찮았는데 조카들은 가끔 우리를 따라 산에 다닌 정도라 걱정도 되었다. 하지만 아이들은 호기심이 발동했는지 새벽부터 들떠 있었다. 새벽 4시쯤에 출발해 저녁 시간에 도착할 수 있을 거라는 계획으로 시작했다. 가다 거리가 멀어 하루에 못 가면 중간에 잠을 잘 계획도 세웠다. 산에서 하루 30km까지 걸어본 경험이 있었다. 평지에서는 새벽부터 밤까지 걸으면 가능하리라 생각했다. 그 생각을 한 우리가 무모했을지 모를 일이다. 정확한 거리는 계산해 보지 않아 모르겠지만 거의 80km 정도 되는 거리다. 지금 생각하면 무리하게 진행했었다고 느끼게 된다. 우리가 살던 지역은 창원 동쪽 끝부분이었고 친정 부모님 댁은 진주 서쪽 끝부분에 해당했다.

마산 내서의 어느 식당에서 아침 식사를 했는데, 그곳에서 식사를 마치고 문제가 발생했다. 큰조카의 몸이 좋지 않아 아주 힘들어 보였다. 오빠에게 큰조카의 상태를 전하며 데려가기를 권했다. 시간이 지체되어 마음이 급해졌고 큰조카를 보낸 후 우리는 서둘러 출발했다. 고속도로는 갈 수 없으니 마산 내서에서 함안으로 넘어가는 국도를 걷기로 했다. 점심은 남해고속도로를 자동차로 달릴 때 늘 보였던 국도변의 중국집에서 먹을 계획을 세웠다. 아이들은 자동차로 순식간에 스쳐 지나던 곳을 구석구석 살피며 속속들이 들여다보는 경험을 했다. 그 경험은 호기심을 해소하고 재미를 느끼게 해주어 좋아했다. 하지만 몸의 고단함은 또 다른 문제가 되었다. 계확한 중국집에서 점심을 맛있게 먹고 다시 출발했다. 한데 큰아들의 발에 물집이 잡혔고 무릎도 아프다고 했다. 조카도 힘들어하는 모습이 보였다. 그 상황에서 아이들을 설득하고 격려해 가며 함안읍 입구까지 왔다. 함안읍에 도착했을 때 큰아들이 점심으로 먹은 중국 음식이 문제였는지 아니면 너무 힘들어 그러는지 설사를 했다. 이대로는 더 이상 안 되겠다는 생각이 들었고 어떻게 할지 결정해야만 했다. 우리는 함안읍에 있는 시외버스터미널로 가 버스 시간을 알아보았다. 1시간을 기다려야 해서 다시 왔던 길을 되돌아 기차역으로 갔다. 다행히 바로 출발하는 진주행 기차가 있었다. 우리는 기차로 진주까지 가기로 했다. 창원에서 진주까지의 대장정은 오후 2시 30분에 막을 내리게 되었다. 출발하고 거의 10시간 이상을 걸었고 이렇게 중간에 그만두게 되었다. 진주역에 도착하니 미리 연락을 받으신 친정 아버지께서 마중을 나와 주셨다.

친정 부모님께서는 아이들에게 대단하다고 아낌없는 칭찬을 해주셨다. 더불어 독한 부모 만나서 너희가 힘들겠다고 말씀하셨다. 그렇지만 이런 좋은 부모 덕분에 여러 경험을 할 수 있는 걸 감사하게 생각하라는 조언을 덧붙여 주셨다. 중간에 포기할 수밖에 없었지만 우리는 두고두고 그때 이야기를 나눌 수 있는 추억이 생겼다. 어떤 일을 시도하여 성공하지 못한다고 하더라도 모든 게 사라지지 않는다는 걸 아이들도 알고 있다. 어떤 사람들은 무모하다며 어떻게 아이를 네 명이나 데리고 그렇게 했냐고 한다. 우리는 충분히 가치 있는 경험이 될 것임을 판단하고 행동으로 옮겼다. 그날 끝까지 해내지 못했기 때문에 다시 시도해도 되었다. 하지만 우리는 그 길을 걸으면서 다시는 하지 말아야겠다고 생각했었다. 국도를 이용하여 걷다 보니 피할 수 없는 자동차의 매연과 걸을 수 있는 도로의 갓길이 너무 좁아 위험하다는 문제가 있었다. 차라리 산길로 갈 수 있었으면 하는 생각도 했었다. 그래도 시작한 일이니 한 번쯤 경험해 보는 것은 괜찮다는 위로를 스스로 했다. 우리는 걷는 동안 아이들의 안전에 많은 신경을 쓸 수밖에 없었다.

그날의 소중한 경험은 아이들에게 끈끈한 형제애를 느끼게 했다. 또한 남들이 해보지 않은 것을 해보았다는 자부심도 생겼다. 그냥 스쳐 지나가면 볼 수 없는 것을 가까이 감으로써 알게 되는 경험도 했다. 힘들었던 그 순간은 잠시였고 추억은 두 형제와 조카들의 가슴에 영원히 남을 것임을 우리는 안다.

이번 주말은
어디로 갈까요?

우리 가족이 등산을 본격적으로 다니기 시작한 것은 작은아들이 다섯 살 때부터였다. 작은아들이 아장아장 걷기 시작할 때부터 약간의 경사로가 있는 우리 동네 야산을 산책하기 시작하며 산과 인연을 맺게 되었다. 시간이 되면 우리는 되도록 자연과 함께할 수 있는 공간을 찾아다녔다. 그리고 아이들이 자라면서 자연스럽게 산행을 생각하게 되었다.

다섯 살과 일곱 살 두 아들을 양육하며 아파트 생활을 하는 것은 층간 소음 문제로부터 자유로워질 수 없었다. 그래서 우리는 최대한 집에 머무는 시간을 줄였다. 아이들의 힘을 밖에서 충분히 해소하게 만들어야만 했다. 층간 소음 문제는 주택에서 아파트로 이사 온 후 진지하게 산행을 계획하며 매주 다니기 시작한 이유 중 하나다. 어떤 이유에서든 산행은 우리 아이들의 성장에 영향을 주었다. 두 아들은 산행 덕분에 신체와 정신이 건강하게 자랄 수 있었다. 처음에는 우리 아파트 부근에 있는 봄이면 진달래로 유명한 천주산을 다니기 시작했다. 천주산은 높이가 639m였다. 경사가 제법 가파른 산으로 아이들이 오르기는 좀 힘들었다. 하지만 거의 매주 천주

산을 다니며 두 아들은 힘들다고 하지도 않고 우리와 즐겁게 활동했다. 정상까지 가려면 계단과 오르막이 많았지만 크게 위험한 곳이 없어 마음대로 뛰어다닐 수 있었다. 산을 오르면서 주변에 있는 식물과 곤충들에게 관심을 가지고 관찰했다. 각 식물의 특징, 곤충들의 움직임을 신기하게 생각했다. 뛰다가 걷다가 우리를 앞지르기도 했다가 뒤로 빠지기도 하며 신나게 돌아다녔다. 산행 중에 만나는 많은 사람에게 인사도 잘했다. 우리가 만나는 사람마다 먼저 인사하면 아이들도 자연스럽게 인사했다. 유치원생이던 두 아들은 사람들을 만나면 아주 예쁘게 배꼽 인사를 했다. 그 모습에 어른들이 칭찬을 아끼지 않았다. 그러면 두 아들은 신나서 더 열심히 인사했다. 가끔 인사하는 데 너무 집중하다가 넘어질 뻔한 경우도 생겼다. 이런 아이들을 어찌 칭찬하지 않을 수 있을까 하는 마음이었다. 모르는 사람들로부터 자기의 행동으로 칭찬받게 되는 경험은 아이들이 더 의욕적으로 살아가게 만들어 준다.

우리는 산에 다니면서 아이들의 도덕성, 사회성, 자연과의 교감, 튼튼한 신체, 정신력 등 많은 부분에서 좋은 영향을 받으며 성장했다고 믿는다. 창원에는 천주산을 비롯하여 비음산, 대암산, 정병산, 장복산, 불모산, 웅산(천자봉, 시루봉), 무학산 등 유명한 산들이 즐비했고 열심히 다녔다. 우리 지역을 섭렵한 후 작은아들이 일곱 살이 되면서 경남 지역에 있는 산으로 확장하여 다녔다. 두 아들은 새로운 산을 갈 계획을 세우면 그날은 새벽 일찍 일어나 준비하고 먼저 나서는 모습을 보였다. 서부 경남 쪽에 있는 함안 여항산과 적석산, 고성 벽방산과 거류산, 사천 와룡산, 산청 지리산, 함양

덕유산, 기백산, 황석산, 거망산, 김해 무척산과 굴암산, 신어산, 밀양 억산, 재약산, 구만산, 가지산, 천황산, 청도 운문산, 창녕 화왕산과 영취산, 의령 자굴산, 거창 우두산, 황매산, 합천 매화산, 남해 설흘산, 사량도 지리망산… 이 산들은 우리 지역에 있는 산 중 아이들이 다녀온 곳들이다. 수많은 산을 다니며 두 아들은 인내와 끈기를 몸으로 체득하고 있었다.

작은아들이 초등 1학년 때 지리산과 한라산을 다녀왔다. 지리산을 다녀온 작은아들은 우리나라에서 가장 높은 산인 한라산도 가보고 싶다고 했다. 지리산과 한라산, 월출산, 설악산, 태백산, 소백산, 치악산, 월악산, 오대산, 북한산, 인왕산, 관악산, 경주 남산, 대둔산, 주왕산, 고흥 팔영산 등 모두 기억하지 못할 정도로 전국을 누비며 아이들은 새로운 산에 도전하고 성취하는 경험을 수없이 하며 자랐다. 우리는 산행하면서 많은 대화를 나눌 수 있었다. 산행으로 지친 몸을 서로의 위로로 의지하며 끝까지 마무리하는 경험도 나누었다. 이런 경험은 우리 가족을 더욱 끈끈하게 연결해 주는 역할을 했다. 평생 가슴에 남는 추억도 만들어 주었다. 또한 산행과 우리가 살아가는 인생이 비슷하다는 걸 두 아들이 느끼게 되었다. 그래서 좋은 일이 있으면 나쁜 상황도 생기는 게 당연하다고 생각하며 건전한 인간으로 자라가는 모습을 지켜볼 수 있었다.

우리의 운전이 가능했던 거리의 산을 거의 다녀왔을 시기는 큰아들이 초등 3학년, 작은아들이 1학년을 지날 때였다. 그쯤에 우리는 다른 분들께 피해 주지 않을 수 있다는 확신이 생겨 산악회를 이용하기로 했다. 산악회 버스를 이용해 전국의 유명한 산으로 확대하여 다녀보자고 아이들과 의논했다. 두 아들은 무척 좋아하며 동의했다. 이렇게 결정한 후 어떤 경우엔 밤 8시에 출발하여 무박 2일로 진행하는 산행에도 참여하게 되었다. 큰아들이 초등 6학년 때까지 우리 가족은 산악회를 통해 한 달에 1~2번 산행에 동참했다. 그 외 주말에는 우리끼리 여행처럼 전국의 산을 누볐다.

계절마다 다르게 다가오는 산의 모습에 아이들은 자연의 섭리를 배웠다. 산행을 통해 우리 부부와 두 아들은 건강과 함께 정신도 성숙해짐을 항상 느꼈다. 어떻게 보면 아이들이 초등학교에 다닐 때까지 도서관과 산에서 모두 성장한 것 같다. 특히 작은아들은 알레르기 비염이 있었는데 신기하게도 산에 다닐 때는 아무 문제가 없었다. 중·고등학교 때 산에 가지 못하는 날이 많아지니 비염이 심해졌다. 과학고로 진학하면서 기숙사 생활을 하게 되어 우리와 산행을 할 수 없었다. 그런 상황에서 시험 기간이 항상 환절기와 겹치는 시기라 비염 때문에 고생했다. 초등학생이었을 때 작은아들은 감기약 먹으러 산에 가자고 할 정도였으니 산의 힘은 대단했다.

우리 가족의 산행에 대한 소감을 덧붙이고자 한다. 산행을 통해 위험하고 힘들었지만, 재미있었던 순간들이 생각난다. 보람과 성취감으로 충만했던 순간도 있었다. 수많은 감정을 느끼며 활동했던 경험과 산행을 통해 정신적으로 성장했던 순간을 전하고자 한다. 특히 기억에 남는 산행에 대하여 기록해 보았다.

거망산

밀양 억산

매화산

북한산

오대산

경주 남산

월악산

재약산

사량도 지리망산

천황산

치악산

팔영산

⑥

출렁다리 경험은 아찔해요

(월출산)

땅끝마을 여행을 계획하며 그중 하루는 월출산을 오르기로 했다. 큰 바위들이 많은 전라남도 영암군 월출산을 2004년 1월 15일에 두 아들과 나의 오누이 조카들을 데리고 산행하게 되었다. 산행 전날 월출산 아랫마을에서 숙박하고 다음 날 아침 일찍 산에 올랐다. 큰아이 둘은 열 살, 작은아이 둘은 여덟 살, 네 명의 아이와 겨울 월출산을 오른다는 건 생각보다 힘들었다. 눈 덮인 바위는 얼어 있어 아주 미끄럽고 경사가 있는 편이라 아이들을 잡고 올려주어야 해 힘이 많이 필요했다. 우리 두 아들은 눈 덮인 산과 얼어있는 산의 등산을 많이 경험하고 있었다. 그래서 아이젠 착용을 하고 큰 문제 없이 알아서 갔지만 조카 둘은 우리의 힘이 필요했다.

처음에는 바람의 계곡으로 가서 출렁다리를 통과해 정상으로 가는 계획을 세웠다. 출렁다리에 도착한 아이들은 그곳에서 출렁다리를 흔들며 신나게 장난을 쳤다. 제법 높이가 있어 무서울 법도 한데 지금까지 경험한 게 많아서인지 두려움보다 재미가 더 큰 것 같았다. 위험하지 않게 재미있는 장난을 치는 정도는 우리도 지켜볼 수 있는 심장을 가졌다. 아이들과 출렁다리에서 재미있는 시간을 보낸 후 산행을 계속하려니 문제가 생겼다.

그곳에서 정상으로 가는 코스에 출입 금지 표지판이 세워져 있었다. 우리는 어쩔 수 없이 한참을 되돌아 내려와 바람 폭포에서 다시 정상인 천황봉을 향해 출발했다. 바위가 얼어 아이들에게 계속 주의를 당부하며 산행을 이어갔다. 형제는 우리의 우려를 불식시키며 스스로 조심하며 잘 갔다. 아이들 모두 정상에 도착했고 힘들게 오른 정상에서 느끼는 성취감을 충분히 만끽했다. 등산 중 보이는 풍경에 아이들은 환호하기도 하고 서로 힘든 과정에서 위로도 하며 끈끈해진 동지애를 보였다.

살아가면서 하는 경험들은 그 자체가 자신의 자산이 된다는 걸 누구나 알고 있을 것이다. 육체적인 고통을 이겨낸 경험은 그대로 정신에 담을 수 있다. 그것은 힘든 상황에 직면했을 때 이겨낼 힘을 준다. 아이들은 다양한 계절과 여러 가지 예기치 못한 산의 상황을 경험하며 위험한 순간을 겪기도 했었다. 하지만 그런 순간을 이겨내고 문제를 해결하는 경험을 얻게 되었다. 그 경험은 인생을 살아감에 있어 스스로 장애물을 제거하며 문제를 해결할 수 있는 능력을 길러준다. 아이들은 부모가 믿는 만큼 성장한다. 위험하다고 모든 걸 통제하면 스스로 성장할 수 있는 경험을 놓치게 된다. 더 나아가 도전할 시도도 하지 않게 된다는 것을 생각하자. 되돌아보니 우리도 무모한 도전으로 위험한 순간을 맞기도 했지만, 항상 큰 문제 없이 잘 해결되었다. 그냥 무모하다고 미리 걱정하게 되는 경우가 대부분인 게 더 많다. 경험하지 않으면 알 수 없으니 너무 걱정만 하지 말고 시도해 보자.

문제가 생겼을 때 어떻게 대처할지 준비하는 마음만 잘 갖추고 도전할 수 있으면 좋겠다.

월출산 정상

⑦

가족이 길을 잃었어요

(와룡산)

경상남도 사천시에 있는 와룡산은 800m가 넘는 산으로 남쪽에 한려해
상국립공원이 있고 전체적으로 웅장해 보인다. 우리는 이 산을 오르기 위
해 창원에서 아침 일찍 출발해 사천으로 향했다. 이 산은 우리 가족 추억의
한 페이지를 장식할 만큼 기억에 남는다.

분명 등산로에서 시작했는데 지름길로 가겠다는 생각에 숲의 나무 사이
오르막을 오르게 되었다. 처음에는 깨끗하게 단장 된 모습이라 쉽게 갈 걸
로 착각했다. 한참 오르다 보니 정리된 숲은 사라졌다. 오르막은 더 가파르
게 변하며 갈 수 있는 길도 없어졌다. 남편과 나는 길을 잃고 어떻게 할지
고민하면서 두 아이와 의논했다. 방향을 보니 그곳만 통과하면 능선을 만
날 수 있을 것 같았다. 우리는 힘들었지만 계속 앞으로 나가기로 하고 전진
했다. 한여름으로 건너가는 길목이라 나무숲에 사람이 다닌 흔적이 없어지
는 지점부터 풀과 덩굴이 무성해져 있었다. 팔과 다리에 생채기가 났고 덩
굴을 헤치고 나가는 게 쉽지 않았다. 땀을 뻘뻘 흘리며 두 아들과 우리는
열심히 능선을 향해 나아갔다. 다행히 얼마 지나지 않아 능선을 만나게 되

었다. 그 뒤로 등산로를 따라 편안하게 산행을 즐길 수 있었다.

　우리는 와룡산뿐 아니라 밀양 구만산, 고성 거류산, 심지어는 창원의 대암산에서도 이런 경험이 있다. 산에 다니다 보면 종종 길을 잃는 경험을 하게 된다. 물론 정해진 등산로로 다니면 아무 이상 없겠지만, 등산로라고 생각하고 갔는데 이런 상황을 맞을 때도 있었다. 와룡산에서처럼 지름길을 택한다는 게 이런 낭패를 보는 상황을 맞게도 되었다. 사실 눈에 보이는 대로 봐서는 안 될 때가 있다. 보이지 않는 이면도 생각할 수 있어야 하는데 이런 경험을 통해 느끼고 실수를 줄일 수 있도록 노력하면 된다. 그리고 어떤 상황이든 우리가 갈 수 있는 길을 찾아가는 방법을 알아내야만 한다.

　우리 인생도 산행과 같음을 늘 생각한다. 길을 잃었을 때 어떻게 찾아가야 할지 고민하며 그 방법을 찾는 태도가 중요하다. 길잃은 상황이 되었을 때 주저앉지 말고 정신을 똑바로 차리고 방법을 찾으며 살아보자. 그러면 더 나은 삶으로 도약할 수 있음을 알게 된다.

환상의 풍경에서 내면을 만나요

(소백산)

소백산은 눈 올 때 정말 멋진 풍경을 자랑하는 산으로 두 번 다녀왔다. 전국의 산을 다니면서 좋았던 곳은 2~3번씩 다녔다. 눈 내릴 때 하얀 설경을 보며 적막한 산속에서 우리 가족만 존재하는 듯한 느낌이었다. 그 느낌이 너무 좋아 겨울 산행을 다시 했던 곳이다.

눈 내리는 산속은 분위기가 야릇하다. 눈이 펑펑 내리고 있는 상태에서 산행은 평소와 전혀 다른 느낌이 든다. 한 치 앞이 보이지 않을 정도로 안개에 쌓인 듯한 날씨 속에서 가만히 자신을 돌아보게 만든다. 두 아들도 눈 내린 뒤의 산행과 눈이 내리고 있을 때 산행 태도는 좀 다르다. 눈이 내린 후 화창한 날씨가 되었을 때의 산행에서는 아이들도 밝고 즐겁게 다닌다. 온갖 장난을 치며 신나게 왔다 갔다 뛰어다니면서 에너지 넘치는 모습이다. 반면 눈이 내리고 있을 때는 차분하고 진지하게 다닌다. 아이들 역시 자기 내면을 들여다보며 걷고 있는 느낌이었다.

산의 여러 가지 모습을 어른이나 아이나 똑같이 느끼지 않을까 한다. 아이들이 어느 정도 성장하고 난 뒤의 산행에서는 아이들 스스로 자기 내면을 살피며 산행하는 모습을 보였다. 소백산에서도 마찬가지였다. 초등 4학년, 6학년이던 두 아들은 이 산의 산행에서 정신적으로도 많이 성장하며 내면의 성장이 이루어지고 있었다.

소백산 정상

쏟아지는 별을 보아요

지리산

친정 부모님, 오빠 가족 그리고 우리 가족이 함께 지리산 천왕봉을 다녀 온 것이 아이들에게는 지리산과의 첫 만남이었다. 친정 부모님은 내가 결혼 전부터 산행과 여행을 즐기고 계셨다. 우리 두 아들이 산행을 시작한 후로 자주 같이 다니게 되었다. 대가족이 산행하자니 아이들도 신난 표정으로 잘 갔다. 중산리에서 법계사를 지나 천왕봉까지 서로 경쟁하며 다녔다. 처음 으로 지리산 천왕봉에 오른 아이들은 스스로 뿌듯해하며 주변 사람들의 칭 찬을 듣느라 신났었다. 이렇게 지리산과의 첫 만남이 시작된 후 두 아들은 여러 번 지리산을 찾게 되었다. 그중 두 번의 지리산 종주를 기록했다.

첫 종주를 한 것은 초등학교 2학년과 4학년인 두 아들의 여름방학 때였 다. 더위가 한창이던 2004년 7월 26일부터 28일까지 2박 3일간 우리 가족 은 지리산 종주를 계획했다. 성삼재에서 출발하여 연하천 대피소와 세석 대피소에서 잠을 잘 계획을 세웠다. 여름임에도 불구하고 지리산은 그렇게 덥지 않았다. 고도가 높아 항상 안개비 같은 게 내리는 듯한 느낌이 들었 다. 그래서 한여름의 따가움은 없었으며 두 아들은 몸이 가벼워 신나게 잘 다녔다. 평소 훈련이 되어 있는 몸이라 잘 걸었다. 자기들 몫의 필요한 물품을 넣은 배낭을 메고서 씩씩하게 다녔다. 오르막과 내리막이 계속 반복되며 힘들어도 지루해하는 기색 없이 잘 가서 대견스러웠다.

두 번째 밤을 지내는 날 산장에서는 쉽게 잠에 들 수 없었다. 산장 숙소는 여러 명의 사람이 좁은 공간에서 잠만 자게 되어 있다. 한 사람에게 주어진 넓이는 누우면 딱 맞을 만큼만 허용하고 있었다. 밤 8시면 소등하고 잠을 자게 하는데 부스럭거리는 작은 소리가 끊임없이 들려 잘 수가 없었다. 새벽 2시쯤 일어나 남자 숙소에서 가족을 불러내 새벽 2시 30분에 그냥 출발했다. 적막이 흐르는 산속을 헤드라이트에 의존해 우리 가족은 앞으로 나아갔다. 한여름 밤 벌레 소리와 바람, 쏟아질 듯 밤하늘에 수를 놓고 있는 별과 은하수 이런 자연이 우리와 같이 존재했다. 그 장소 그 시간이 아니면 접할 수 없는 자연의 아름다움을 만끽했다. 두 아들은 그런 자연을 느끼며 두려움이나 힘듦은 없는 듯 보였다. 그렇게 새벽 등반으로 또 한층 성장하고 있었다. 드디어 천왕봉에 올랐을 때 일출을 기다리며 두 아들은 자연의 신비를 온몸으로 체험했다. 그날의 일출은 너무나 장관이었다. 힘들게 지나온 시간에 대한 보상이라도 해주는 것 같았다. 아이들은 그날 새벽의 야간 산행에서 보고 느꼈던 그 순간을 항상 기억하고 있었다. 큰아들은 그날 새벽 쏟아지는 별을 보며 우주 공간에 대한 궁금증이 생겼고 과학자를 꿈꾸게 되었다고 한다.

이듬해도 우리는 지리산 종주를 1박 2일로 다시 다녀왔다. 그때는 오빠

아들인 내 조카도 동참해 세 명의 아이를 데리고 백무동에서 출발해 뱀사골로 내려왔다. 원래는 2박 3일 코스로 계획하고 노고단 주차장에서 친정아버지를 만나 돌아가기로 했다. 산행 도중 조카가 발톱이 아파 힘들다고 하기도 했고, 폭우가 내린다는 예보가 있어 중간에 있는 뱀사골로 내려가기로 했다. 뱀사골로 내려가는 도중에 비가 내리기 시작했다. 거의 다 내려왔을 때는 빗줄기도 많이 굵어져 걷기 힘들 정도였다. 판초 우의를 입었는데도 불구하고 우리는 물에 빠진 생쥐 꼴이 되었다. 친정아버지는 진주에서 우리를 데리러 오셨다. 뱀사골 입구로 차가 올 수 있는 곳에 최대한 들어와 계셨다. 초등 3학년이던 조카 녀석은 친정아버지를 만나자 한없이 울었다. 할아버지가 엄청 반가웠던 것이었다. 얼마나 힘들었는지 나중에야 알게 되었다. 조카는 엄지발톱이 빠질 정도로 발가락이 아팠던 것이었다. 엄지발톱이 아파 내게 대피소에서 쉬는 동안 말했었다. 살펴보니 괜찮은 듯해 많이 걸으면 아픈 것은 당연하다며 계속 가자고 했었다. 작은 조카는 등산화가 좀 작았는지 다녀온 후 엄지발톱이 빠졌다.

사람이 힘든 일을 겪었다고 해서 그것이 힘든 추억으로만 기억되는 것은 아니다. 작은 조카는 그 추억을 소재로 학교에서 영어 말하기 대회에 출전하여 우수상을 받았다. 그 힘들었던 지리산 등산 후 자기 경험을 영문 에세이로 작성했다. 그것으로 학교 영어 말하기 대회에 참가해 상까지 받게 되었다. 아무나 경험할 수 없는 추억은 아이들이 살아가면서 힘든 순간에 자기에게 힘을 주게 된다. 그 추억이 활력소로 작용하여 힘든 순간을 이겨낼 수 있게 만든다는 것을 나는 믿어 의심치 않는다.

누구나 살다 보면 힘든 순간을 만나게 된다. 그러나 그 순간을 어떻게 받아들이고 헤쳐 나가는 사람이 되는가가 중요하다. 결국 자신이 경험했던 순간들에서 그런 문제해결 능력이 생길 수 있음을 알자. 열 살 이전에 아이들이 어떤 삶의 태도를 가지게 만드는지가 아주 중요하다. 열 살 이전 아이들의 가치관과 삶의 태도를 바르게 형성 시켜주면 그 후는 스스로 알아서 성장할 수 있다.

지리산 1차 종주 2박 3일

지리산 일출 산행 1차

지리산 일출 산행 2차

지리산 2차 종주 1박 2일

자기주도 1등 아이는 부모교육이 만든다

⑩

신나게 눈썰매를 타요

한라산

경남 지역의 웬만한 산 정상과 지리산 천왕봉을 다녀온 후 작은아들이 우리나라에서 가장 높은 산이 어딘지 찾아보았다. 지리산보다 한라산이 좀 더 높다는 사실을 인지하며 가고 싶어 했다. 작은아들의 말을 듣자마자 우리는 바로 한라산 등반을 하자고 의논했다. 초등 1학년이던 작은아들은 한참 산행에 재미를 느끼며 스스로 새로운 산에 가기를 원했다.

두 아들과 같이 한라산 등반을 위해 조사 하고 등산 코스를 정하며 제주도 여행 계획을 세웠다. 3박 4일 일정으로 겨울방학인 1월 5일에 출발했다. 둘째 날까지는 제주도 곳곳을 관광하며 즐겁게 시간을 보냈고 셋째 날은 새벽부터 한라산 산행을 준비했다. 우리는 여러 코스 중 성판악으로 가는 것을 선택했다. 초등 1학년, 3학년이었던 두 아들과 눈 산행을 하게 되어 최대한 위험하지 않게 산행하기로 했다. 또 한라산 정상까지 가려면 성판악 코스로 가는 것이 좋았다. 아이젠, 모자, 장갑 등 겨울 산행을 위한 장비 점검을 했다. 새벽 6시 이전 숙소에서 출발해 성판악으로 갔다. 등산로 입구에 도착하니 전날까지 눈이 많이 내려 통제했었는데, 다행히 우리가 가는 날은 해제되어 있었다.

성판악 코스는 무난한 대신 왕복 거리가 거의 19km가 넘었다. 두 아들
이 지치지 않을까 걱정되었지만, 아이들을 믿고 출발했다. 우리 예상대로
두 아들은 신나게 산을 오르며 만나는 사람들과 인사를 주고받았다. 마주
치는 어른들의 칭찬과 격려로 힘든 줄도 모르는 것 같았다. 스스로 하고 싶
은 욕구가 충만할 때는 아무도 말리지 못하는 게 사람 마음이다. 두 아들이
그랬다. 처음은 우리 부부의 의도에 의해 적절하게 아이들을 자극하며 기
다렸다. 어느 순간부터는 자신들이 성취했던 경험을 상기하며 스스로 성취
욕구를 불태웠다. 우리는 산행을 통해 그런 두 아들의 성장 과정을 끊임없
이 보고 느꼈다. 산에 다니면서 힘들 때 서로 의지 되는 가족이 옆에 있음
을 아이들이 인지하는 모습을 보여주었다. 우리와 많은 대화를 하면서 산
을 오르는 동안 인생이란 항상 좋은 일만 또는 힘든 일만 발생하지 않는다
는 것도 알아갔다. 두 아들과 산행 중에 항상 하는 대화 내용이다.

"진홍아! 진영아! 산행할 때 오르막이 있으면 힘들고 내리막을 만나면 좀
쉽게 갈 수 있잖아. 우리가 산을 다니다 보면 항상 오르막과 내리막이 같이
있는 걸 경험하고 있지."

"네. 우리가 산에 다니면 항상 오르막과 내리막이 같이 있었네요."

"그래서 오르막을 만나면 너무 힘들게 생각하지 마. 내리막이라고 해서
쉽게도 생각하지 않았으면 해. 우리가 살아가는 세상도 똑같단다. 살면서
좋은 일이 생길 때면 다음에 좋지 않은 일이 생길 수 있음을 생각해야 해.

좋고 나쁨 하나하나에 기분이 왔다 갔다 하지 않는 평정심을 가질 수 있어야 한단다."

"그렇겠네요. 우리도 그렇게 생각하도록 노력할게요."

"그래. 그런데 오르막 다음에는 내리막이, 내리막 다음에는 오르막이 있을 수밖에 없잖아."

"그러게요. 그래서 어떤 때는 내리막이 나오는 게 싫어요. 내려가는 순간은 쉬워도 다시 올라야 하는 어려움이 있으니까요."

"우리 인생도 마찬가지야. 항상 좋을 수만도 항상 나쁠 수만도 없는 게 인생이야. 그래서 좋은 일이 있을 때 조심하는 마음으로 생활하고, 나쁜 일에도 너무 실망하지 않도록 해야 해. 너희가 인생의 법칙을 산에서 배우네."

"그러네요. 헤헤."

주로 이런 대화로 시작되어 아이들이 살아가는 자기의 생활, 친구 관계, 학습 이야기, 관심 내용 등을 재잘거리며 같이 산을 오른다. 이렇게 가다 보면 어느 순간 정상에 도착하게 되고 가슴이 뻥 뚫리는 경험을 하게 된다.

아이들은 첫 한라산 산행에서 정상에 올라 백록담을 배경으로 사진을 찍고 신나게 주변을 둘러보며 감탄했다. 하얗게 내린 눈은 세상을 눈부시게 만들고 있었다. 우리는 챙겨간 점심을 정상에서 먹고 난 후 멋진 풍경을 가슴에 담고 하산했다. 하산 길에 다시 한번 감탄하게 만드는 아름다운 풍경은 아이들 가슴에도 한 아름 담아가는 멋진 추억이 될 것을 기대했다. 왕복 20km 가까운 이 코스를 두 아들은 자신들이 선택한 산행이어서인지 전혀 힘들어하지 않고 즐겁게 끝까지 잘 마무리했다. 저녁을 맛있게 먹고 숙소로 돌아와 다음날 일정을 의논했다. 귀가하기 전 오전에 한라산을 다른 코스로 한 번 더 가는 게 어떻겠냐는 의견을 남편이 내놓았다. 그런데 두 아들이 또 가자고 했다. 깜짝 놀랐다. 아이들은 힘든 것보다 좋았던 감정이 더 컸던 것 같았다.

다음날 비교적 짧은 시간에 아름다운 경치를 구경할 수 있는 영실 코스를 이용하기로 했다. 빨리 다녀온 후 오후는 집으로 출발해야 해서 새벽부터 부지런히 움직였다. 산행 중 영실 코스에서 유명한 오백 나한의 기암괴석과 멋진 설경을 구경하면서 산을 신나게 올랐다. 수많은 계단을 오르고 올라 윗세오름 대피소에 도착했고 그곳에서 컵라면도 먹었다. 하얀 눈이 끝없이 덮인 경사진 윗세오름에서 아이들은 대피소에서 얻은 비닐을 엉덩이에 깔고 신나게 눈썰매를 타고 놀았다. 정말 신나게 노는 모습에 우리도 동심으로 돌아가 동참하여 놀다 다시 하산했다.

비행기 탑승 시간을 확인해 가며 바쁜 와중에도 너무나 아름답게 눈꽃으로 핀 상고대를 감상하면서 환호성을 질렀다. 우리는 아쉽지만 걸음을 재촉해야만 했다. 이틀 연속 산에 오르는 강행군에 약간 걱정했는데 두 아들은 지치지도 않았다. 또 하나의 추억과 성취 느낌을 두 아들의 가슴에 담아주고 한라산 산행을 마무리했다.

한라산을 오르던 중

한라산 정상 백록담

윗세오름

한라산 백록담

3대가 함께하며 성장해요

(설악산)

아이들이 초등학교에 다닐 때는 해마다 한두 번씩 친정 가족 전체와 함께 여행했다. 그때마다 주로 여름에는 각 지역을 여행하며 산행을 포함했고, 겨울에도 눈 덮인 산을 오를 때가 많았다. 지리산, 가야산, 매화산, 태백산, 발왕산, 계방산, 두타산, 청옥산 등. 이 산들은 친정 가족 전체가 여행하면서 오른 산들이다. 우리는 이렇게 전국의 다양한 산을 다녔다. 친정 가족 여행은 항상 산행하는 것을 당연하게 생각했다.

설악산의 첫 산행도 그렇게 시작되었다. 대가족이 설악산을 등산하기란 쉽지 않을 것이다. 보통은 어린아이부터 연세 드신 부모님까지 모두 같이 움직이는 것은 여러 가지를 고려하고 움직일 수밖에 없으니 말이다. 그런데 우리는 다행히 친정 부모님께서 워낙 산을 좋아하셨다. 거기다 산행도 잘하셔서 친정 가족 전체가 같이 다니는데 전혀 문제없었다. 아이들의 첫 설악산과의 만남에서는 살짝 비가 내렸다. 여름 산은 여름대로, 겨울 산은 겨울대로 계절의 맛이 다르고 멋있다. 봄·가을은 말할 것이 없다. 산행에서 아이들이 이렇게 자연을 느끼며 자연과 함께 성장하는 것은 아주 중요하다고 생각한다. 특히 우리처럼 조부모와 함께하는 대가족 산행은 더 의미가 있다. 힘들지만 극복하고 성취하는 기쁨을 3대가 공유하면서 자연스럽게 교육할 수 있다. 어른들의 믿음과 칭찬, 대견스러워하며 인정 해주시는 표정 등은 아이들의 자존감을 높일 수 있었다. 그 외 3대가 같이하는 산행의 유익함은 수도 없이 많다.

산행은 건강한 체력을 만들어 주는 효과가 있다. 밖으로 보이는 그 효과보다 더 많은 것을 얻을 수 있는 것은 두말할 필요가 없다. 때로는 혼자 외로운 싸움을 하기도 하고, 때로는 위로도 받으며 의지하기도 한다. 내가 위로해 주는 주체가 되어 상대에게 힘을 주는 역할도 한다. 처음 보는 사람과도 반갑게 인사할 수 있고 서로에게 격려의 메시지도 전한다. 아마 산행을 즐기는 사람들은 자연스럽게 그런 상황을 이해할 것이다. 처음에는 우리가 의도적으로 먼저 인사하고 아이들에게도 인사를 하도록 요구했다. 습관이 된 후는 아이들이 인사하는 걸 당연하게 여겼다. 어쩌다 우리가 인사를 놓치기라도 하면 아이들이 우리를 혼냈다. 인사하는 습관이 생기면 아파트 엘리베이터에서 누구를 만나든 열심히 인사하고 마주치는 누구에게나 인사한다.

설악산으로의 산행은 그 뒤로도 이어져 우리 가족의 산행으로도 두 번, 산악회를 따라서 한번을 더 다녀왔다. 2004년 8월 여름에 친정 조카와 두 아들을 데리고 새벽 산행을 다녀왔다. 전날 저녁 8시에 출발하여 밤새워 운전해 다음 날 새벽 4시쯤 한계령에 도착했다. 도착 후 눈을 좀 붙이고 쉬다가 아침 식사로 준비한 크릴새우 죽을 먹은 후 5시 30분 한계령에서 대청봉으로 향했다. 아이들은 그때 먹었던 크릴새우 죽을 아직도 기억하며 맛있었다고 추억한다. 점심 도시락을 각자 배낭에 넣어 메고는 씩씩하게 잘 갔다. 아쉬운 점은 차를 한계령에 세워 두었기 때문에 대청봉에서 다시 원점 회귀할 수밖에 없다는 점이었다. 대청봉에 올랐을 때 초등 2학년인 두 아이와 4학년인 큰아들은 주변 어른들로부터 대단하다며 격려와 칭찬이 쏟아져 기분 좋은 상태였다. 대청봉에서 점심을 먹고 정상에서의 기분을 만끽한 후 하산했다. 다음날 오색약수터로 가서 산책하며 구경하다 창원으로 내려왔다. 야간에 창원에서 설악산까지 남편의 운전으로 갔다. 밤에 이동하면서 낮과는 전혀 다른 느낌을 경험하게 되었다. 그 느낌을 아이들도 함께했다. 2년 뒤 2006년 10월에 또 한 번의 설악산 산행이 있었다. 그때는 오빠 가족과 우리가 함께했다.

우리 부부는 같은 교육철학으로 같은 방향을 보고 두 아들을 교육했다. 그 덕분에 두 아들과 우리 자신에게 서로 믿음을 갖고 생활할 수 있었다. 서로의 믿음이 없었다면 할 수 없었던 일들이었다. 아이는 믿는 만큼 성장한다. 부모가 불안해하고 믿지 못하면 아이도 자기를 믿지 못하고 시도할 수 없다. 실패는 실패가 아니다. 그저 과정일 뿐이다. 그 실패가 실패일 수밖에 없도록 만드는 것도 부모의 태도라고 생각한다. 한번 실패했다고 영원히 실패하지 않는다. 에디슨의 수없이 많은 실패를 주변인들은 안타까워하며 얘기했다. 그럼에도 정작 에디슨은 실패한 횟수만큼 안되는 방법을 알게 되었다고 말했다. 아이가 시도하면서 실패하더라도 그 실패를 통해서 배움이 일어난다. 그것은 실패가 아니라 배워가는 과정이다. 교육은 아이들이 실패를 통해서 좌절하는 것이 아니라 성장하는 방법을 배워가도록 만드는 것이다.

한계령에서 출발 후

설악산 정상 대청봉

설악산 한계령

설악산 끝청

자기주도 1등 아이를 위한 부모교육 Q&A

Q1. 시간 부족으로 가족 활동이 힘들면 어떻게 하나요?

가족 전체가 시간을 약속하고 일주일에 한 번이라도 같이 놀아 보세요. 몸을 움직이는 스포츠 활동이면 더 좋아요. 가족 활동이 즐거운 추억이 되면 아이는 마음의 힘이 생겨요.

Q2. 자존감 높은 아이가 되려면 어떻게 해야 하나요?

아이를 있는 그대로 인정하고 다른 사람과 비교하지 마세요. 아이의 말에 귀 기울이며 의견을 존중해 주세요. 아이 스스로 선택하고 책임지게 하는 교육으로 자율성을 키워주세요. 실패해도 노력하는 과정을 칭찬하고 격려해 주세요.

Q3. 독서를 즐기는 아이로 양육하려면 어떻게 해야 할까요?

부모가 책 읽는 모습을 자연스럽게 보여주면 아이는 따라오게 되어 있어요. 스마트폰 같은 영상에 자주 노출되면 책을 읽기 쉽지 않아요. 어릴 때부터 책을 장난감처럼 같이 할 수 있는 환경을 만들어 주세요. 독서는 강요하면 안 돼요. 부모의 독서로 아이가 독서는 즐거운 활동이라는 걸 자연스럽게 받아들이도록 해주세요.

성장 넷

세상을 알아가며 '**자기주도**'로 성장해요

①

나도 상 받고 싶어요

(의욕)

형제를 양육하면서 두 아들이 서로 비교하는 걸 목격할 때가 가끔 있었다. 우리가 두 아들을 비교하지는 않았다. 양육할 때 가장 주의할 점은 아이들을 비교하지 않는 것이라는 걸 잘 알고 있었다. 그래서 속으로도 잘하는 것에 대하여 절대 비교하지 않으려 노력했다. 그런데 작은아들에게 형처럼 되고 싶어 하는 욕구가 생기면서 스스로 비교하는 모습이 관찰되었다. 부모로서 마음이 쓰였지만, 우리가 복이 많았던지 큰아들은 작은아들에게 긍정적인 역할을 해주었다. 작은아들에게는 언제나 칭찬과 격려로 용기 주는 말을 했다. 큰아들은 항상 잘하고 싶은 욕구가 강한 아이라 무엇이든 열심히 하다 보니 각종 상을 잘 받아왔다. 그에 비해 작은아들은 그런 의욕을 드러내 보인 적이 없었고 항상 평범하게 지내는 것 같았다.

초등 3학년이던 작은아들이 탈이 생겨 심한 설사로 등교하기 힘들어 보인 날이었다. 작은아들에게 학교에 가지 말고 집에서 쉬라고 했다. 가사 도우미분께 그날은 아침에 아이를 보살펴 달라고 부탁드릴 생각이었다. 작은아들은 학교에 꼭 가겠다며 고집을 피웠다. 몸이 아플 때는 쉬어도 된다고 아무리 설득해도 소용없었다. 왜 그렇게 학교에 가려고 하는지 내가 이유를 물었더니 "저도 상 받고 싶단 말이에요. 학교 결석만 안 해도 개근상을 받을 수 있잖아요."라고 말했다. 아이의 대답에 당황스러웠다. 그런 것을 요구해 본 적도 할 생각도 없었다. 그런데 작은아들의 상을 받고 싶은 욕구가 이렇게 강할 줄 몰랐다. 상 받는 것도 좋지만 우선 건강이 훨씬 중요하니 오늘은 쉬자고 말했다. 작은아들은 아무리 설득해도 기어코 등교했다. 좀 힘들기는 해도 자기가 선택한 것이니 견딜 수 있을 거라고 생각은 했다. 그렇지만 출근 후 계속 걱정되는 것은 어쩔 수 없는 부모 마음이었다.

우리가 학교 다니던 시절에는 죽어도 학교에 가야 한다는 생각이 지배적이었다. 특히 개근상은 성실한 태도를 보여주는 지표라며 강조했었다. 요즈음은 조금만 불편해도 등교하지 않는 게 보편화된 것이 현실이다. 그런 점에서 작은아들의 등교하겠다는 의지가 더 대단하다고 생각했다. 작은아들의 소원은 뜻밖의 장소에서 이루어졌다. 성실하게 다니던 태권도 학원에서 모범상을 받았다. 아주 기분 좋은 표정으로 그 상장을 자랑스럽게 보여주었다. 작은아들의 기쁨에 우리도 동참하며 좋아해 주었다. 그동안 열심히 태권도 학원에 다니며 성실하게 했던 자세를 칭찬하고 격려했다. 학원에서 받은 상으로도 이렇게 기뻐하는데 학교에서의 상은 얼마나 받고 싶었을까 생각했다. 그 생각에 아이의 행동이 귀여우면서도 안쓰러운 마음이 들었다.

그렇게 받고 싶어 하던 상을 초등 고학년이 되어 교내 수학, 과학 경시대회와 교내 행사를 통해 여러 번 수상하게 되면서 꿈을 이루었다. 누구나 내부로부터 나오는 성취 욕구는 자기를 성장하게 만든다. 그러나 어른들은 자신도 모르게 아이의 성취욕을 꺾어버릴 때가 많다. 미처 아이의 순수한 마음을 이해하지 못했기 때문에 벌어지는 일이다. 아이들의 마음을 이해하고 아무리 사소한 것이라도 아이가 목표를 정하고 해 나갈 때는 격려하며 믿어주자. 사소하다고 생각되는 작은 것이 아이를 성장시키며 더 큰 목표를 향해 나가는 힘을 준다.

②

내가 들어주면 친구들도 들어줘요

소통 1

작은아들은 아동기 때 지나치게 온순해 큰소리가 나거나 갈등 상황이 발생하는 걸 매우 싫어했다. 남편과 의견 충돌이 생겨 약간이라도 큰소리가 나면 싸우는 게 아님에도 불구하고 다툰다고 생각해 못하게 했다. 남편은 영어 교육을 전공하고 현직에 근무하면서 대학원을 다니며 영문학을 더 공부했다. 어떤 학문을 하느냐에 따라 사람의 성향도 차이가 난다. 남편은 타고난 성향과 더불어 영문학에 관심이 많다 보니 기본적으로 이상적인 생각을 한다. 현실적이지 못한 사고로 재미있는 상상을 많이 하는 경향이 있다. 나는 디자인에 관심이 많아 디자인을 전공하고 싶었으나, 여러 상황으로 미술 교육을 선택했었다. 나는 논리적으로 답을 찾고자 하는 성향이 강해 현실적으로 가능한 것만 추구한다. 이것은 아주 현실적인 사고 습관과 생활 자세를 가지게 했다. 남편과 나는 성장 배경과 관심 있는 분야를 공부해 가는 과정 등 모든 면에서 성향이 정반대다. 그런데 유일하게 교육적 사고와 교육 방법은 방향이 같았다. 같은 방향을 보며 두 아들을 양육함으로써 잘 성장시킬 수 있었다.

우리는 지금도 TV 뉴스를 보다가 서로의 의견이 다르면 토론이 시작된다. 아이들이 어릴 때도 그랬다. 그렇게 토론에 집중하다 보면 큰소리가 나기도 했었다. 서로 자기주장을 강조하다 소리가 커지게 되는 것은 당연지사다. 작은아들은 그 상황을 갈등으로 생각하고 싫어했다. 그럴 때 우리는 왜 엄마 아빠가 서로 다른 의견을 말하는지 설명해 주는 과정이 필요했다. 더불어 서로의 생각을 어떻게 수용하는지도 알 수 있게 토론 과정을 보여주었다. 그런 상황을 아이의 생각을 열어주는 계기로 삼으려고 했다. 이러한 양육으로 자란 작은아들이 초등학교 3학년이던 어느 날 학교에서 있었던 일에 대하여 나에게 말했다. 아이의 이야기를 듣던 중 친구들이 요구하는 걸 대부분 수용하고 들어준다는 것을 알았다. 나는 작은아들에게 물었다.

"너는 네 의견은 없고 친구들이 말하는 것을 모두 들어주는 거니?"
"엄마! 내가 친구들 말을 들어주면 다음에 내 말도 들어줘요. 항상 내가 하고 싶은 대로만 하면 안 되는 거잖아요."
"야! 우리 아들 대단하네. 어떻게 그런 훌륭한 생각을 할 수 있었지?"
"제 생각이 중요한 만큼 친구들 생각도 중요하다고 생각해서요."

우리의 의견 조율 해가는 방식을 보고 배워서인지 아니면 단순히 갈등이 싫어서 형성된 성격인지 알 수는 없다. 다만, 작은아들은 어릴 때부터 상대의 기분을 기가 막히게 잘 파악하고 기분 좋게 해주는 능력은 있었다. 특별히 그렇게 교육하려고 노력하지는 않았다. 그냥 상대를 배려해야 나도 배려받을 수 있다고 강조하는 정도의 교육을 했을 뿐이었다. 기본적인 성향이 온순하고 부드러운 아이여서 잘 스며들어 그런 성격으로 자랐는지는 알 수 없다.

세상을 살면서 상대를 존중하는 태도만 갖추어도 서로 편안하게 살아갈 수 있다. 우리는 아이들의 세계에서 배워야 하지 않을까 한다. 학교에서도 배려와 존중에 대한 교육을 열심히 했었다. 배려와 존중은 우리가 살아가는 사회에서 누구나 기본적인 자세로 익혀야 한다고 생각했기 때문이다. 그것은 서로 행복한 관계 맺기를 위한 기본으로 말과 행동에서 배려와 존중이 자연스럽게 나올 수 있어야 한다. 학생들이 세상을 살면서 서로 배려하고 존중받는 삶으로 행복했으면 하는 마음으로 현장에서 강조하며 교육했다.

너 이길 자신 있니?

(진정한 승리)

큰아들은 또래에 비해 압도적으로 신체 조건이 좋았다. 온몸이 근육질인 듯했고 힘도 어린 나이라고 믿기지 않을 만큼 셌다. 그런 신체 조건을 가진 아이가 행동반경이 넓고 활동적이라 어쩌다 내가 부딪히면 정말 아팠다. 초등학교에 입학할 시기에는 아이에게 계속 주의를 주었다. 나는 큰아들에게 "너는 행동이 크고 힘이 세기 때문에 너 의도와 상관없이 친구를 아프게 할 수도 있어. 항상 주변에 친구가 있는지 확인하고 조심해서 행동해야 해."라고 교육했다. 큰아들에게 귀에 못이 박힐 정도로 얘기했지만, 의도치 않은 사고가 한두 번 발생했다. 다행히 나쁜 의도가 아니어서인지 잘 해결되며 지나갔다. 초등 고학년이 되었을 때는 그런 몸을 가진 아이가 오랫동안 태권도까지 해 왔기 때문에 주먹도 아주 세졌다. 혹시나 하는 마음에서 아이에게 끊임없이 교육했다.

"세상에서 가장 무식한 게 주먹으로 문제를 해결하려는 것이란다. 문제는 주먹으로 해결되지 않으니 절대 사용하면 안 된다. 태권도는 몸과 마음을 훈련하기 위해 지금까지 한 것이지 주먹 자랑하라고 배운 게 아니야."

"네. 알겠어요."

　뉴스에서 비슷한 내용을 접하거나 기회가 주어질 때마다 주의를 주었다. 그러던 어느 날 학교에서 근무하고 있는데 모르는 아주머니로부터 전화를 받았다. 아주머니가 우연히 발견하게 되어 전화를 주신다며 말씀하셨다. 자신이 지나가고 있는데 큰아들을 몇 명이 둘러싸고 폭력을 행사하고 있었다고 한다. 그분은 아이들을 말린 후 보냈고 큰아들의 얼굴에 피가 흐르고 있어 빨리 집에 가라고 했다는 말을 전했다. 정말 감사한 분이셨는데 전화를 받은 그 순간에는 너무 정신이 없었다. 그분의 전화번호를 묻지 못해 사후 제대로 된 감사 인사조차 드리지 못했다. 평소 다른 아이에게 주먹을 사용하지 않을까 하는 생각에 항상 주의를 주었었다. 그런데 내 아이가 맞고 있었다는 게 믿어지지 않았다. 퇴근하고 돌아와 아이 얼굴부터 살폈다. 다행히 코피가 났던 것이고 얼굴에는 약간의 멍 자국만 남아 있었다. 아이에게 이야기를 들어보니 때렸던 아이는 자기 반이었고 다른 아이들은 같은 무리라고 했다. 며칠 전부터 그 아이가 계속 시비를 걸어와 싸우지 않겠다며 말했다고 한다. 부딪치지 않으려 노력했는데, 오늘은 집 오는 길에 큰아들을 보고 갑자기 달려들어 때렸다고 했다. 학교에서 그 주변 무리가 아이를 둘러싸고 마지막 시비를 걸 때 아이는 분명하게 말했다고 한다.

　"내가 너랑 싸우면 큰 싸움이 되니 싸우지 않을 거야." 하고는 피했다고 했다.
　"너도 주먹이 셀 텐데 맞으면서 어떻게 참았니?"

"무리가 있기도 했고 워낙 갑자기 벌어진 일이라 참고 말고가 없었어요."

"시비 걸 때는 어떻게 참았니?"

"엄마가 주먹 쓰는 놈이 제일 무식하다면서요. 그래서 너랑 나랑 싸우면 큰 싸움이 되니 나는 안 싸울 거야라고 말하고 참았지."

"그래. 아주 잘했네. 우리 아들 대단하다. 그런데 아프지는 않니?"

"괜찮아요."

우리는 이 대단한 아이의 자존심을 회복해 줌과 동시에 폭력을 행사한 아이도 교육이 필요하다고 생각했다. 그 당시 한참 학교 폭력에 대한 문제가 대두되기 시작했던 시점이었다. 학교, 특히 초등학교에서는 더욱 뭘 어떻게 해줄 수 있는 권한이 없다는 것도 잘 알고 있었다. 그래서 큰아들과 폭력을 행사한 아이의 교육을 위해서 우리는 부모로서, 교사로서 방법을 찾아야만 했다. 남편과 의논 후 담임 선생님께 알렸다. 아이의 자존심 회복을 위해 학급 아이들 앞에서 반드시 공개 사과시켜 줄 것을 부탁드렸다. 그 아이는 어머니와 함께 우리 집으로 방문하기를 요구했다. 우리 집에서 그 아이와 어머니를 만났다. 큰아들이 그 아이에게 잘못한 게 있는지, 잘못한 일이 없었다면 왜 그런 행동을 했는지 물었다. 오랫동안 교사로 생활하면서 중학교 1학년이 되면 남자아이들의 서열 경쟁이 심하다는 걸 봐왔다. 그것은 초등 고학년이 되면서 시작되는데 이번 사건도 그런 상황인 것으로 보였다. 큰아들이 세 보이므로 해서 그 아이가 서열 경쟁을 시도한 것으로 생각되었다. 나는 그 아이와 어머니가 보는 앞에서 큰아들에게 물었다.

"진홍아! 너는 왜 희준이가 시비 걸 때 싸우지 않았니? 너 주먹이 더 셀 텐데."

"내가 너와 싸우면 큰 싸움이 된다며 안 싸우겠다고 했어요."

"희준아! 진홍이 말이 맞니?"

"네."

"너는 진홍이와 싸우면 이길 자신은 있니?"

"…"

"진홍이는 평소 아줌마 말 때문에 너랑 싸우지 않은 거야. 주먹 사용은 무식한 사람이 하는 거고 운동은 몸을 보호하기 위해 한다는 걸 아줌마한 테 항상 듣고 있거든. 지금 네 어머니도 계시는 앞에서 아줌마가 분명히 말한다. 진홍아! 이제 희준이가 싸우자고 하면 모든 사람 앞에서 공개적으로 당당하게 붙어라. 희준 어머니 괜찮죠?"

"아, 네. 진홍아! 너 정말 멋지구나. 그런 이유로 참고 싸우지 않았다니."

"그러면 이번 일은 희준이가 진홍이에게 학급에서 공개 사과를 해야겠 지? 할 수 있겠니? 그리고 싸우고 싶으면 정당하게 붙어라. 담임 선생님과 친구들 앞에서. 알겠니?"

"네. 진홍아! 정말 미안해."

"그래. 앞으로는 잘 지내자."

남편은 이 과정을 결정하기 전까지 화가 많이 나 있었다. 하지만 교사로 서 아이들을 이 순간 제대로 교육하지 않으면 그 아이는 앞으로 더 좋지 않 은 방향으로 성장할 가능성이 크다고 여겼다. 그래서 이 시점에 반드시 교육적인 지도가 필요하다고 생각하고 행동했다. 학급에서도 공개 사과를 받은 큰아들은 기분 좋게 학교에 다녔다. 이후 그 아이가 어찌 지내는지 큰아들에게 가끔 물으면 별다른 일 없이 잘 다니고 자기한테도 잘한다고 말했다. 그 정도에서 끝나고 더 이상 폭력적인 행동을 보이지 않으면 그 아이에게도 좋은 교육이 되었다고 생각한다. 일종의 성장통을 겪으며 배운 점이 있지 않았을까 한다.

④

엄마! 이렇게 살고 싶어요

(진로 선택)

큰아들은 초등 6학년이 되면서 가끔 나와 진로에 관한 진지한 대화를 나누었다. 작은아들은 별 고민 없이 진행되었는데 큰아들과의 이런 과정을 겪으면서 학습해 둔 것이 도움 되었다. 큰아들을 양육하면서 우리는 혼란스러운 상황을 간간이 겪었다. 그것은 결국 우리도 처음 하는 부모 역할이라 잘 몰라 두려웠기 때문이었다. 그래서 성장 시기에 필요한 교육전문가의 교육서와 먼저 양육했던 부모의 경험을 책으로 학습했다. 우리는 큰아들에게 그런 내용을 바탕으로 조언하며 아이 생각의 폭을 넓혀주기 위해 노력했다.

초등학교 고학년이 되면서 큰아들의 운동 능력이 체육 선생님 눈에 띄었는지 학교 육상 대표로 선발됐다. 시 대회에 출전하기 위해 방과 후에 달리기 연습을 한다고 했다. 운동을 좋아하는 아이는 육상 대회를 앞두고 매일 아침 일찍 등교해 수업 전에 훈련하는 걸 마다하지 않고 즐겼다. 그 기간에는 얼굴이 까맣게 그을려 눈만 반짝이는 모습이었다. 건강하고 단단한 체격과 함께 순발력이 좋아 100m 달리기를 잘했고 축구도 열심히 했다. 초등학교 남자아이들의 절반 이상이 아마도 축구선수가 꿈이 않을까 한다. 큰아들도 마찬가지였고 6학년이 되었을 때 아이는 운동과 공부 중 어느 쪽으로 진로를 선택할지 심각하게 고민하고 있었다. 그때 우리가 강제로 선택하게 했다면 지금처럼 성장하지 못했을지 모른다.

다양한 자기계발서를 읽으며 아이와 나는 서로의 생각을 나누었다. 아이는 스스로 관심 분야에서 먼저 활동하고 있는 사람의 저서를 찾아 읽었다. 나도 아이 생각을 정리할 수 있는 책을 읽고 아이에게 권하기도 했다. 아이는 관심 분야의 학습 내용과 어떤 과정을 거쳐 목표에 도달하게 되는지 조사하고 알아보며 자기 길을 찾기 위해 노력했다. 그런 과정을 거친 후 아이는 나에게 대화를 요청했다. 그때 나는 큰 방향에서 앞으로의 선택이 왜 중요한지 설명해 주었다. 더불어 어떤 삶을 살고 싶은지 깊이 생각해 보라고 했다. 나는 "엄마는 네가 어떤 선택을 하든 지원할 준비가 되어 있어. 운동, 사업을 비롯한 장사, 공부. 무엇을 선택해도 모두 밑천이 필요할 거야. 운동이나 공부는 지금부터 네가 인정받게 되는 시점까지 경제적인 뒷받침이 필요하다고 생각해. 사업이나 장사는 운동이나 공부를 위해 필요한 돈을 저축해서 밑천으로 만들어 줄 수 있어. 네가 진짜 살고 싶은 방향이 어떤 것인지 잘 생각해 보고 엄마랑 다시 얘기해 보자."라는 말과 함께 각 선택에 따라 어떤 장점 단점이 있는지 알려주었다. 내 말을 듣고 아이는 다시 생각해 보겠다고 했다. 진짜 자신이 좋아하는 것이 무엇인지 어떻게 살고 싶은지 말해 주겠다고 했다. 일주일쯤 지난 후 큰아들이 나에게 말했다.

"엄마! 나 이렇게 살고 싶어요."

"어떻게?"

"저 공부 잘하고 싶어요. 그래서 과학자가 될래요."

"어떤 과학자?"

"우리 지리산 새벽 산행 때 별을 보며 우주에 관심이 생겼었잖아요. 항공 관련 공부를 해볼래요."

"그래. 네가 공부를 선택하면 앞으로 힘든 일이 많을 텐데 괜찮겠니?"

"괜찮아요. 할 수 있어요."

"공부하게 되면 네가 하고 싶은 걸 절제하며 참아야 할 게 많을 거야. 잘하려면 엄마가 가끔 통제도 하게 될 텐데 정말 받아들일 수 있겠니?"

"엄마! 제가 하기로 했잖아요. 느슨해지고 풀어지면 엄마가 당연히 옆에서 간섭하고 도와주셔야지요. 다 할 수 있어요."

큰아들은 그렇게 공부하겠다는 결심을 하며 자신에게 맞는 학습 방법을 찾기 위해 노력했다. 유아기부터 책을 가까이하며 지내왔기에 학습에 대한 부담은 크지 않았다. 영어와 수학은 기본 교육이 탄탄하게 되어 있어 학습을 위한 준비 또한 갖추어져 있는 상황이었다. 더불어 자기 의지로 선택한 방향이어서 아이의 내적 동기도 충분했다. 이제는 스스로 성장해 가는 과정을 지켜보며 힘든 순간이 왔을 때 격려하고 그 마음을 이해하며 공감해 주면 된다.

아이가 우리 품으로 온 10년만 적극적으로 함께하는 시간과 제대로 된 노력을 투자하자. 아이 인생을 좌우할 수 있는 기본 바탕을 만들어 주는 이 시기는 아주 중요하다. 가치관, 습관, 자존감, 도덕성 교육이 제대로 이루어지게 교육해야 한다. 그 교육이 이루어져 있으면 그 이후는 부모의 잔소리가 필요 없다. 부모가 노력한 만큼 아이들도 부모의 고마움을 인지하게 되어 있다. 교직 생활에서 학생들과 상담하며 언제나 공통적인 요소를 발견할 수 있었다. 문제 학생은 문제 학생이 아니라 문제 부모가 있을 뿐이라는 점이다. 아이들은 태어남과 동시에 부모를 만나게 되고 그와 동시에 부모의 세계가 곧 아이의 세계가 된다.

  잘못된 생각과 행동으로 습관이 형성된 학생을 교사가 단시간에 바른 방향으로 변화시키기는 힘들다. 교사의 노력으로 학생에게 좋은 영향을 준다는 것은 결코 쉬운 일이 아니다. 그것도 교사의 사랑이 큰 감동을 보여주는 과정을 거칠 때 그 영향력이 조금이라도 생긴다. 이런 영향으로 학생의 인생을 변화시킬 정도가 되려면 교사의 절대적인 희생이 필요하다. 그것은 가끔 영화 속 스토리처럼 어려운 환경 속에 있는 제자를 변화시키려고 노력하는 교사의 헌신적인 모습에서 찾을 수 있다. 그 환경에서 벗어나게 하려는 교사의 의지가 행동으로 옮겨지고 학생 본인도 인생을 바꾸려는 의지가 있을 때 가능하다. 교사는 자기가 지도하는 학생의 인생에 긍정적인 영향을 줄 수 있기를 희망하며 그저 노력하는 것이다. 그런데 부모는 아이를 만난 후 10년만 정말 제대로 양육한다면, 아이가 인생을 잘 살아가도록 만들 수 있는 것을 확신한다. '이것은 투자할 만한 가치가 충분하지 않을까.'라는 생각을 해본다. 부모 자신을 위해서도 그렇다.

나는 두 아들을 보며 확신한다. 물론 인생은 끝까지 살아봐야 잘살았는지 아닌지 알 수 있다. 그럼에도 지금 두 아들의 성장 과정에서 봐왔던 의지와 정신력, 가치관, 성실성, 도덕성, 자기 분야에서의 능력, 자존감 등에서 판단할 수 있다. 두 아들은 인생에서 어떤 어려움이 생기더라도 스스로 충분히 극복하며 잘살아 낼 것이라는 믿음과 확신이 있다.

⑤

엄마! 너무 억울해요

(인간관계)

자신의 판단을 타인에게 주장하며 영향을 미치고자 하는 성향이 강한 큰아들이었다. 평소 도덕적 사고를 할 수 있도록 교육하며 책임감 있는 태도로 솔선수범하는 행동을 요구하는 일이 많았다. 큰아들이 초등 6학년이었을 때 동생에게는 그러지 않으면서 자신에게 지나치게 엄격한 잣대로 행동하기를 요구한다고 불만을 제기했다. 그래서 큰아들과 진지한 대화로 왜 그렇게 할 수밖에 없는지 설득하며 아이를 다독였다.

"진홍아! 생각해 봐. 네가 어떤 성격인지. 네가 옳다고 생각하면 다른 사람도 그렇게 해야 한다고 생각하지 않니? 그래서 너 생각을 다른 친구들에게 주장하고 따라오도록 요구하는 편 아니니?"

"좀 그렇기는 해요. 바른 생각과 행동을 요구하는 게 잘못된 건 아니잖아요?"

"그래 맞아. 그런데 너 생각이 항상 옳고 바를 수만은 없잖아. 그리고 옳다고 해서 무조건 따라야만 하는 것도 아니고."

"그건 그래요."

"그런데 동생은 어때? 진영이는 자기 생각을 잘 드러내지도 않지만, 친구에게 요구하지도 않잖니?"

"네 그런 편이죠."

"그래서 동생은 혹시 약간 잘못된 생각을 하고 행동해도 본인만 문제가 되는데, 너는 다른 사람에게도 문제를 발생시킬 수 있잖아. 그런 부분을 더 엄격하게 교육하려는 거야. 어때?"

"엄마가 왜 그러시는지 이해돼요. 저도 그런 부분을 좀 더 생각하며 행동할게요."

큰아들의 도덕적 사고와 책임감 있는 행동에 대한 교육은 아이의 성향 때문에 어릴 때부터 적극적으로 해 왔다. 그래서 초등 저학년까지는 학교에서 약간 부당하게 선생님으로부터 혼나도 잘못을 찾아 인정하고 받아들이는 자세를 보였다. 그런데 고학년이 되면서 부당한 대우를 받으면 나에게 불만을 이야기하기 시작했다.

"진홍아! 엄마가 네 이야기를 들어보니 너희 선생님도 다시 생각해 보시면 네게 지나치게 혼을 내셨다는 마음이 드시지 않을까 싶네. 엄마도 학교에서 학생들을 지도하다 보면 그 순간에 보지 못했던 것을 뒤에 발견하게 돼. 그러면 학생에게 지나치게 야단쳤다는 마음이 들기도 하거든. 선생님도 사람인지라 모든 게 보이지 않아 정확한 판단이 안 돼. 그래서 오해가 생기기도 해. 서운한 마음이 들겠지만, 너는 네가 잘못한 부분만 생각하고 수정하는 태도를 가졌으면 좋겠어. 그래야 그런 시간을 통해 네가 좀이라도 발전할 수 있을 거야."

"알겠어요. 그래도 엄마가 내 억울한 이야기를 다 들어주셔서 좋아요. 노력해 볼게요."

초등학생까지는 이렇게 대화하면서 풀어가면 약간씩 문제가 있어도 수긍하며 잘 지나갔다. 중학교 1학년 6월 초 어느 날 퇴근해 온 나를 보고 큰아들은 대성통곡을 하며 자신의 억울함을 호소했다. 아이는 평소와는 완전히 다른 분위기로 너무나 참담한 표정을 지으며 한없이 억울해했다. 이번 문제는 심각하다는 생각이 들어 옷을 갈아입지도 않고 같이 앉아 2시간 정도 진지하게 이야기를 나누었다. 중학교 입학 후 그동안 자신이 담임 선생님으로부터 당한 여러 가지 사건들과 함께 오늘 일에 대해 상세하게 이야기해 주었다. 이야기를 들어보니 오늘 일이 문제가 아니라 그동안 쌓여 있던 게 폭발하는 듯했다. 아이의 억울했던 감정도 충분히 이해되었다. 그날 아이는 오해로 인해 학급 친구의 사물함 파손범으로 몰렸다고 한다. 그리고 학급 서가 청소 담당으로서 청소도 하지 않은 무책임한 학생으로 오해받았다며 억울해했다. 그 일로 담임 교사에게 야단을 맞게 되자 평소 쌓였던 감정이 터져 선생님께 하나하나 설명하며 억울함을 호소했던 것 같았다. 선생님은 아이의 말을 들어주지도 않았고 더 크게 야단을 쳤다고 한다. 아마도 핑계를 댄다고 생각하셨을 것이다. 학기 초에 아이가 하는 말이 걸려 나도 교사지만 가끔 이해되지 않는 교사가 있어 같이 근무했던 아이 학교 선생님을 통해 알아보았었다. 역시 문제 있어 보이는 교사가 담임이 되어 걱정하고 있던 와중에 이 일이 발생했다.

평소 학급 서가 청소로 인해 몇 번 지적을 받아 이후에는 아예 청소 후 서가 앞에서 지킨다고 했다. 그날도 책을 보고 있다가 잠깐 화장실에 다녀 왔다고 한다. 그 사이 누군가 군것질을 하고 빈 봉지를 책 사이에 끼워 놓 았던 모양이었다. 중학교 남학생반을 담당하다 보면 순식간에 물건이 부서 지기도 하고 구석구석 쓰레기를 끼워두는 일이 다반사다. 청소 시간도 마 찬가지로 묵묵히 청소하는 학생이 있는가 하면 항상 쓰레기를 쑤셔 넣는 아이도 있다. 현장 지도를 통해 잘 살펴서 청소하는 학생은 칭찬하고 그러 지 않는 학생은 지도해야 한다. 잘못된 행동을 반성하고 반복하지 않도록 만들어 가는 것이 담임 역할이다. 나타난 결과만 보고 학급을 운영하면 문 제가 생기기 마련이다. 가정에서 아이를 교육할 때도 마찬가지다. 결과만 보고 교육하면 절대 제대로 된 교육을 할 수 없다. 아이와 부모의 관계만 해칠 뿐 아니라 기회주의자로 만들 수 있다.

아이의 억울함을 모두 들어주고 나는 항상 아이를 신뢰한다는 믿음을 주 며 문제해결을 위해 대화했다. 세상에는 같은 현상을 놓고도 완전히 다른 시각으로 바라보고 생각하는 사람들이 존재한다며 먼저 아이를 위로해 주 었다. 평소 아이의 책임감, 성실함 등을 구체적인 행동으로 보였을 때를 칭 찬하고 아이에게 제안했다.

"진홍아! 선생님이 너를 오해해 싫어한다는 생각이 들어 힘들 거야. 그런 데 너를 발전시키기 위해 과제를 받았다고 생각해 보면 어떨까? 싫어하는 사람이 너를 좋아하게 만들겠다는 목표를 정하고 노력하면 너에게 도움이 될 것 같은데. 세상을 살다 보면 내가 좋아하거나 나를 좋아하는 사람만 만나지 못하는 게 정상이야. 정말 이해할 수 없는 사람도 만나게 되거든. 그럴 때마다 상대로 인하여 내가 문제가 생기면 곤란하지 않겠니? 올 한해 목표를 인간관계 형성을 원만하게 하는 것으로 삼아보자. 나를 싫어하던 상대가 좋아하게 만드는 것은 의미 있을 것 같은데.”

“네. 알겠어요. 힘들겠지만 노력해 볼게요. 엄마한테 모두 쏟아내고 나니 이제 괜찮아요.”

한바탕 소란이 지나고 아이는 학교생활을 즐겁게 했다. 이후 선생님 행동과 말이 좀 지나치거나 이해가 되지 않는 사건이 다른 아이들을 상대로도 계속 발생하였다. 그렇게 1학기를 마무리하고 2학기에는 '담임 선생님은 원래 그런 성격이구나.'라고 받아들이며 더 이상 마음을 쓰지도 않게 되었다. 2학기 마지막에 사교육을 전혀 받지 않는 상태에서 전교 1등을 하며 아이의 자존감도 완전히 회복되었다. 또한 아이에 대한 선생님의 태도도 많이 부드러워졌다.

⑥

전교 1등 하면 뭐 해주실 거예요?

(내적 동기)

퇴근해 온 나에게 대뜸 큰아들이 물었다. 그때가 아마 시험 기간이 되어 가던 시점이었을 거다. "엄마! 엄마는 제가 전교 1등 하면 뭐 해주실 거예요?"라고 했다. 큰아들은 평소 자기가 좋은 성적을 받으면 뭘 어떻게 해주기를 바란다는 조건을 말해 본 적이 없었다. 나도 생각해 보지 않았기에 그날의 기습 질문은 좀 황당했다. 아이는 평소 모든 공부는 자기를 위해 한다는 걸 잘 알고 있었다. 공부는 알아가는 기쁨과 함께 자기 미래를 준비하는 과정이라는 점도 인지하고 있었다. 그 때문에 그런 주제로 이야기한다는 생각을 해본 적이 없었다.

"왜 그런 말을 하지?"

"흥. 흥. 제 친구들은 성적이 오르면 엄마가 자기가 원하는 걸 사주신다고 했데요. 1등 하면 당연히 더 크게 원하는 것을 해주시겠다고 약속했다네요. 왜 엄마는 우리한테 한 번도 그렇게 안 해주세요?"

"그래? 누구를 위해 공부하는데? 좋은 성적 받으면 누가 좋지?"

"그야 당연히 저를 위해 하는 거고 제가 제일 기분이 좋죠."

"그래. 그 모든 건 너를 위한 일이지. 부모를 위한 일은 아니지 않니? 잘 해 주면 부모는 그 순간 기쁘고 기분 좋은 일인 건 사실이야. 뿌듯하기도 하고. 단지 감정의 문제지. 부모의 생활이나 능력에 영향을 주는 문제는 아니잖아."

"그래도 기분은 좋잖아요."

"그래 맞아. 그런데 부모 기분 좋게 해주려고 공부하려면 안 해도 돼. 너희가 앞으로 살아갈 미래의 문제가 훨씬 심각하니 선택은 너희가 해야겠지."

"흥. 흥. 알고 있어요. 그냥 해본 소리예요. 엄마는 확실히 다른 엄마들하고 달라요."

"그건 그래." 하고 웃었다. 아이도 역시 엄마는 못 말려 하는 표정으로 환하게 웃었다.

학교에서도 성적이 우수한 학생들이 부모의 요구로 학습하게 되는 걸 보면 안타깝다. 왜냐하면 부모의 요구가 강하면 강할수록 시간이 지나 자기 생각이 강해지거나 부모를 떠나 생활하게 되면 그 아이의 성취욕이 사그라들기 때문이다. 그래서 생활 태도도 엉망이 되어 버리는 경우가 생긴다. 또한 보상에 길들여 지면 자기의 내적 동기에 의한 힘이 약해 오래가지 못한다. 보상이 주어지지 않는 것에는 스스로 하려는 의지도 없어진다. 내적 동기가 강하게 형성된 아이는 스스로 끊임없이 성장해 가는 모습을 볼 수 있다.

25여 년 전 한 중학교에서 근무할 때 만난 우리 반 반장은 나를 감동하게 만든 학생으로, 지금도 생각난다. 부모님은 성실하고 열심히 생활하시는 분이었으나 경제적으로는 넉넉하지 못했던 걸로 기억한다. 그 학생은 동생 두 명이 있었다. 그중 막내는 아직 어린 4~5살 정도로, 바쁜 부모님을 대신해 반장이었던 그 학생이 하교 후 돌보던 환경이었다. 중학교 2학년 여학생반 담임을 하면서 만난 이 학생은 우리 반이 되었을 때 처음 성적은 뛰어나지 않았다. 반장이 된 후 우리 반 1등이었던 학생과 공부를 같이 하며 친해졌다. 전교 등수도 최상위권이었던 그 친구에게 공부 방법을 물으며 자신의 학습 스타일을 찾기 위해 노력했다. 그런 후 자기주도학습으로 정말 열심히 공부하는 모습을 보였다. 그렇게 스스로 학습하고자 하는 의지로 실천하니 3학년이 되었을 때는 전교 1등이 되었다. 부모님을 이해하고 동생들을 돌보는 일도 성실했다. 학급에서도 리더십을 발휘하며 모든 활동에서 우수 학급으로 만들어 갔다. 나는 그 학생을 신뢰하고 격려하며 자기를 믿고 성장할 수 있도록 가끔 용기를 주는 말 정도만 보탰다. 스스로 자기의 결핍을 인정하고 극복하고자 노력하면서도 항상 당당한 모습이 좋았다. 고등학교에 진학 후 학생과 그 아버지께서 우리 집에 방문한 적이 있다. 학생의 아버지께서 창원 근처 지역에서 농사지으신 정말 큰 수박 세 통을 가지고 방문하셨다. 꼭 찾아오고 싶었다며 감사했다고 한다. 내가 감사할 노릇이었다. 그 학생에게는 내가 더 큰 도움을 받은 것 같았는데 감사하게 생각한다니 눈물이 날 뻔했다. 공군사관학교에 진학하는 것을 목표로 한다고 말했다. 현재는 집에서 학교까지 30~40분 정도를 걸어서 등교한다고 했다. 운동으로 그렇게 한다며 환하게 웃던 정말 긍정적인 아이였다. 나는 그 학생이 세상 어떤 난간이 앞을 가로막아도 문제를 잘 해결하며 성공적으로 인생을 살아 낼 수 있음을 믿었다.

몇 년이 지난 후 중학교 3학년 부장을 하면서 우연히 반가운 그 아이의 근황을 알게 되었다. 우리 학교 3학년 학생을 대상으로 창원 시내 각 고등학교에서 학교를 소개하는 홍보물을 보내왔다. 학생들에게 동영상을 상영해 주면서 그 학생을 보게 된 것이다. 출신 고등학교를 소개하는 동영상 속 학생은 공군사관학교 제복을 입고 있었다. 당시 공군사관학교에 진학하려면 최상위권의 성적이 필요했다. 역시 그 아이가 자기 목표를 멋지게 이루어 냈다는 걸 눈으로 확인한 순간이었다. 내적 동기에 의해 스스로 목표를 정하고 실천하며 성취하는 사람에게는 계속 성장할 수밖에 없는 게 만고의 진리다. 강요하지 말고 할 수 있음을 믿어주고 격려하며 용기를 주자. 우리는 부모로서 아이의 생활 태도와 습관 형성에 도움이 되는 모범을 보이며 자연스럽게 스며들도록 하자.

⑦

좋은 친구! 좋은 대학!

（ 선택 ）

　본격적인 과학고 준비 과정에 들기 전 큰아들은 일반고와 과학고 중 어디로 진학해야 할까를 진지하게 생각했다. 아이는 자기의 학습 태도에 더 적합한 분위기를 가진 학교의 종류가 어디일까를 고민했다. 그 고민을 해결하기 위해 고등학교 생활에 대하여 기록한 선배들의 저서를 찾아 읽었다. 나도 과학고 생활을 기록한 졸업생의 책을 읽으며 아이와 같이 고민했다. 일반고 생활은 남편과 내가 잘 알고 있었으니, 과학고에서의 생활을 이해하는 과정이 필요했다. 아이가 고등학교 생활을 조사하며 알아가는 과정에 있을 때 내가 아들에게 한 조언이다.

　"진홍아! 네가 고등학교에서 사귀게 되는 친구들이 어쩌면 평생 친구가 될 수도 있을 거야. 일반고에 진학하게 되면 다양한 친구들을 만날 수 있고 내신도 잘 받을 수 있는 확률이 높겠지. 과학고처럼 특목고를 선택하면 좋은 내신을 기대하기는 힘들 거야. 대신 너와 같은 생각을 하는 평생 좋은 친구들을 사귈 수 있는 장점은 있지 싶어. 결론은 일반고로 진학하면 너의 노력과 함께 지금까지의 배경지식을 더하면 충분히 좋은 내신을 받게 될 거야. 대학도 네가 원하는 대학으로 진학할 수 있다고 봐. 과학고는 뛰어난 친구들이 모일 것이고 그만큼 좋은 내신을 기대하기는 어렵다고 생각해. 실력이 너와 비슷해 서로 도움을 주며 성장할 수 있는 평생 친구를 만날 가능성은 클 것 같아. 대학을 한 단계 낮춰 가게 되더라도 인생에서 좋은 친구를 만날 확률이 높아지려면 과학고로 진학하는 게 좋겠지. 그래서 좋은 대학과 좋은 친구의 선택이 어쩌면 고등학교 선택이 될 것 같은데. 너는 어떻게 생각해?"

"엄마! 저는 좋은 친구를 만나고 싶어요. 함께 많은 경험을 하고 서로 선의의 경쟁도 하면서 좋은 친구를 사귀고 싶어요. 과학고로 진학할래요."

한 치의 망설임도 없이 그렇게 말했다.

"그곳은 일반고보다 훨씬 강도 높은 경쟁을 해야만 하는데 괜찮겠니?"

"엄마 이미 과학고 생활에 관한 책을 많이 읽어 봤잖아요. 어떤 생활이 기다리고 있는지 잘 알고 있고 그런 생활을 즐길 준비도 되어 있으니 걱정하지 마세요."

초등 6학년이 되어 큰아들은 민족사관학교에 진학하겠다며 민사고 생활을 소개한 책들을 섭렵했었다. 그런데 학비가 많이 든다는 걸 알고 우리가 부담되는 게 싫다며 한국과학영재학교를 목표로 준비하겠다고 했다. 그러면서 과학고에 관한 책도 읽으며 이미 그런 학교에서 어떻게 생활하는지 모두 인지하고 있었다. 중학교 입학 후 자기가 희망하는 고등학교 1순위를 한국과학영재학교, 2순위를 경남과학고등학교로 목표를 정했다. 아이는 진학 준비 공부는 비슷하니 걱정하지 말고 지켜봐 달라고 했다. 큰아들은 항상 단기목표, 중기목표, 장기목표를 설정하고 눈앞에 있는 자기의 가까운 목표부터 성취하는 것을 즐기는 아이였다. 성인이 된 지금도 어떤 일이든 목표를 설정하고 그 과정을 즐기면서 성취하려고 노력한다.

⑧

학교생활에 날개를 달아요

(리더십)

중학교 생활을 담임 선생님과의 갈등으로 시작했다. 하지만 잘 극복하고 2학년을 맞은 큰아들은 즐겁고 행복한 학교생활을 하게 되었다. 2학년 담임 선생님과는 너무나 궁합이 잘 맞아 학급 반장으로 활동하며 아주 행복해했다. 남학생 학급이어서 체육을 담당하시던 담임 선생님은 우리 아이뿐 아니라 학급 전체 학생들과도 친밀한 관계를 형성하며 분위기를 아주 좋게 만들어 주셨다. 큰아들의 담임 선생님은 대단한 열정을 가지고 계셨다. 학생들이 각자 능력을 발휘할 수 있도록 격려하여 성적을 포함한 모든 학교 행사에서 학급이 최고가 될 수 있도록 도와주셨다. 단합된 모습의 학급으로 이끌며 아이들이 학교생활을 즐기게 만들어 주셨다. 특히 큰아들은 2학년 담임 선생님을 만나면서 리더로서 역할을 잘 배울 수 있는 좋은 경험을 했다. 원래 도덕적이고 책임감이 강한 아이를 담임 선생님은 리더로서 확고하게 인정해 주시면서 더 성장할 수 있게 도와주셨다. 이후 학급 친구들은 3학년에 진급하면서 몇 명은 각 학급 반장으로 활동했고, 몇 명은 자기 학급에서 1등을 하는 친구도 나왔다. 결국 2학년 담임 선생님은 훌륭한 학급 운영으로 학급 전체 학생들의 성장을 도왔다고 생각한다. 과학고 2학년 때 서울대 공과대학에 합격한 후 아이는 중학교 2학년 담임 선생님께 감사 말씀을 드렸다. 지금도 나와 아이는 그때 같은 학급이었던 친구들과 담임 선생님에 관한 이야기를 하곤 한다.

"너 인생에서 아주 중요한 역할을 해주신 분이니 항상 감사하게 생각해라."
"알고 있어요. 선생님이 얼마나 나를 믿어주시고 성장시켜 주셨는지."
"그때 친구들과 정말 행복하지 않았니?"
"네. 어떻게 그런 좋은 구성원으로 학급이 이루어져 친구들을 만났고, 우리와 잘 맞는 선생님이 지도해 주시게 되었는지 저도 신기해요."

중학교 2학년, 아이의 학교생활은 1학년 때와는 완전히 달라졌다. 큰아들은 이미 과학고 진학을 마음먹고 준비하는 과정에 있었기 때문에 학습량이 많아졌다. 수학 올림피아드를 준비한다며 4월부터는 수학 전문학원에 등록해 달라고 요청해 하교 후 수학 학원에 다녔다. 1학년 말에 전교 1등으로 마무리하면서 우수한 학생으로 인식되었다. 더불어 수학 교과는 확실한 인정을 받았다. 아이는 이제 전교 석차에는 별 관심이 없었고 수학에 대한 관심이 많아졌다. 학급 친구들에게 수학을 가르쳐주었고 스스로 심화학습을 하며 수학 실력을 높이기 위한 노력을 했다. 학교에서는 친구들과 선생님들로부터 인정받으면서 행복하게 생활했다. 더불어 운동을 좋아하고 잘하기도 했던 아이는 학교 체육대회에서도 여러 종목에 학급 대표로 출전하였다. 큰아들의 활약으로 학급을 단체 우승으로 이끌며 1등 반으로 만들었다. 큰아들의 학교 체육대회를 개최한 날 내가 근무하던 학교는 간단한 아침 행사만 하고 일찍 마쳐 아이 학교를 방문했다. 마침 릴레이 경기를 진행하고 있었는데 마지막 주자로 큰아들이 뛰고 있었다. 반 바퀴 이상의 차이를 보이며 아이 학급이 1등을 했다. 빠른 줄은 알았지만 내가 생각했던 것보다 더 빨랐다. 이전에 같이 근무했던 선생님이 나를 발견하고 오셔서 "왜 이제 왔어요. 오늘 진홍이 활약을 봤어야 하는데 제가 다 아쉽네요. 정말 멋진 아들을 두셔서 좋으시겠어요."라고 하셨다. 이렇게 선생님들께서 아이를 인정해 주시니 학교생활이 즐거울 수밖에 없다고 생각했다. 하지만 아이도 불편함이 많았던지 하루는 나에게 이렇게 말했다.

"엄마가 제 엄마라는 걸 아시는 선생님들이 생기면서 학교에서 너무 조심스러워요. 부모님이 교사인 아이들은 참 불쌍해."

"왜?"

"그렇잖아요. 행동에 제약이 많고 더불어 부모님이 교사면 도덕적인 잣대로 엄청 엄격하게 우리를 교육하잖아요. 다른 아이들은 아무렇지도 않은 것을 우리는 두 번, 세 번 생각하게 되니까요."

"옳은 길을 가자는데 뭐 문제 있니?"

"그냥 그렇다고요."

"그래 네 말도 맞다. 특히 엄마랑 같이 근무했던 선생님이 계시니 네가 좀 불편하겠구나."

"어쩔 수 없죠. 그래서 더 범생이가 되어 말과 행동을 조심해야죠."

우리가 살다 보면 항상 좋은 것만 있을 수는 없으니 어쩔 수 없다고 생각한다. 하지만 그런 불편함이 있어도 선생님들로부터 마음의 응원은 더 받지 않았을까 생각했다.

키 크고 싶어요

목표를 향한 의지

작은아들의 설움은 몸이 마르고 키가 작다는 것이다. 왜소해 보였던 아이는 초등 저학년일 때까지는 작은 키와 왜소한 몸에 대하여 크게 생각하지 않는 모습이었다. 그런데 고학년이 되면서 자기 몸에 대하여 생각이 달라지는 태도를 보였다. 대체로 남자아이들은 키가 크고 신체가 강해 보이는 것에 관한 관심이 높다. 작은아들 역시 몸에 관심이 많아지면서 자기 신체를 튼튼하게 만들고 싶어 하는 의지가 강해졌다.

항상 또래의 평균 정도 신체 치수를 보이던 아이는 초등 6학년이 되면서 키를 키우고 싶다는 강한 의지를 나타내며 노력했다. 물론 그전에도 키 크는 데 도움이 된다고 하면 입맛에 맞지 않아도 잘 먹으려고 애쓰는 모습을 보여 왔다. 형처럼 튼튼해지기 위해 형이 하는 운동도 모두 따라 했다. 그래서 태권도, 수영, 탁구, 테니스 등을 배울 수 있었고 또한 열심히 했다. 그런데 어디서 듣고 왔는지 키 크려면 성장판을 자극하는 운동을 해야 한다고 말했다. 그런 운동으로는 농구와 줄넘기가 효과적이라고 했다는 것이다. 매일 줄넘기를 하겠다고 선언하며 나에게 밤에 같이 해주면 안 되냐고 부탁했다. 저녁 식사 후 작은아들과 함께 아파트 공터에서 밤마다 줄넘기를 시작했다. 한 달 정도 아이와 같이하다 나는 빠졌다. 아이는 2,000개씩 뛰는 것을 목표로 매일 밤 실천했다. 땀을 뻘뻘 흘리며 자기 목표를 항상 초과하고 돌아왔다. 한여름에는 더워 힘들만도 한 데 포기하지 않고 실천했다. 비가 오는 날을 제외하고는 거의 매일 실천했으니 대단한 아이다. 그런 노력 덕분인지 아니면 클 때가 되어서인지 알 수 없으나 중학교 2학년 이후부터는 또래의 평균 이상으로 자라기 시작했다.

지금 아주 큰 키는 아니지만 그래도 177cm 이상 되니 작은 키는 아니다. 석·박사 통합 과정을 수행 중인 현재, 키는 더 이상 키울 수 없어 몸을 키워야겠다며 웨이트 트레이닝을 열심히 하고 있다. 원래 뼈대가 가늘고 몸이 왜소했음에도 불구하고 몇 년 동안 노력한 흔적은 몸에 고스란히 남아 있다. 큰아들과 신체적으로 많이 차이가 났었는데 지금은 키를 제외한 나머지 신체 치수는 비슷한 사이즈로 변했다. 큰아들도 지속적인 운동을 통해 선명한 복근을 가진 신체로 아주 좋은 몸을 가지고 있다. 작은아들의 그런 노력으로 형에 뒤지지 않은 모습을 갖추게 된 것이다. 현재 모습은 누가 봐도 몸이 예쁘고 좋아 보이는 멋진 청년이다. 작은아들은 앞으로도 멋진 몸을 유지 발전시키기 위해 아마도 끊임없이 운동하며 노력할 것임을 알고 있다. 나는 작은아들을 보면서 매번 감탄한다. 자기 인생을 발전시키기 위해 항상 노력하여 기대 이상으로 성장하는 모습에 자식이지만 존경스럽다.

다 쓸 데 있어요

(부모는 아이의 거울)

초등 3학년이던 큰아들이 과학의 날 행사를 한다며 고무 동력기를 샀다. 다음날 직장에서 퇴근한 나는 큰아들에게 물었다.

"오늘 어땠어?"

"만들다가 좀 실수하기는 했지만 그래도 잘 만들어 날리기까지 했어요." 하고는 가방에서 통을 여러 개 꺼내 놓았다.

"그거는 뭐냐?"

"아! 이거요? 아이들은 참 이상해요. 좀 하다 안되면 다 버려버리는 거예요. 그리고 새것으로 다시 만들더라고요. 그래서 버릴 거면 내가 가져도 되냐고 묻고 가져왔지요."

"그걸 가져와서 뭘 하려고?"

"부분별로 재료를 분류해서 모아 놓으려고요."

"부분 재료만으로 뭘 하게?"

"다 쓸 데 있어요. 각 재료로 내가 다시 만들어 보려고요. 한번 만들어 봤더니 어떻게 하면 잘 날 수 있게 만드는지 알겠더라고요. 그러고도 남은 것은 내년에도 사용할 수 있잖아요."

"아! 그래. 어떻게 그런 생각까지 했지? 대단하다 우리 아들." 하고 칭찬해 주었다.

큰아들의 말을 들으면서 어른인 나보다 나은 듯하다고 생각했다. 정말 이듬해 또 과학의 날 행사를 할 때 그 재료를 사용해 전날 집에서 먼저 만들고 있었다. 물론 나머지 고무 동력기 재료를 모아 놓은 상자는 학교로 가지고 갔다. 그날 퇴근 후 아이에게 "오늘 가지고 간 재료는 어땠어?"라고 물었다. 아주 유용하게 잘 사용했다고 말했다. 친구들이 만들다가 부품이 없다고 하면 그 상자에서 꺼내 주었다고 한다. 큰아들은 평소에도 그런 상자들을 준비해 놓고 아이들이 사용하다 챙기지 않는 연필, 지우개 등 학용품도 주워서 모아두었다. 그러다 친구들이 필요할 때 그 상자에서 나눠준다고 했다. 처음에는 그렇게 행동하는 아이가 신기했다. '어떻게 아이가 저런 생각을 하지?'라고 생각했다. 가만히 돌아보니 결국 우리 모습을 보고 자란 탓이란 걸 알았다. 남편도 나도 물건을 함부로 버리거나 새로 구매하는 일을 잘 하지 않는 습관이 있다. 물론 신혼 초기에는 경제적으로 넉넉하지 못했던 이유가 컸지만, 여유가 생겼어도 마찬가지였다. 그보다는 교사를 지내셨던 시아버지와 친정아버지의 교육이 더 큰 영향을 미치지 않았는가 생각한다.

아이들의 습관 형성은 부모로부터 시작된다. 부모가 바르지 못하면 아이 또한 바르게 성장하기 쉽지 않다. 모든 사람이 다 그런 것은 아니겠지만 대부분 그렇다. 심지어 학교에서 학생들을 교육할 때 교사 행동에 따라 교육적 효과가 완전히 달라짐을 느낀 적이 많다. 지금은 용의 복장이 비교적 자유로워졌지만, 10년 전까지만 해도 용의 복장 규정에 따른 교육을 했었다. 그런 교육을 할 때면 학생들 입에서 나오는 불만이 "선생님들은 화장하고 파마하고 염색하며 마음대로 하시면서 우리는 왜 안 돼요?"였다. 학생 신분인 자기와 성인이었던 교사를 같은 시선으로 보는 것이다. 중·고등학생임에도 불구하고 아이들은 그렇게 생각하고 말한다. 물론 지도 과정에서 안 되는 이유를 말하며 교육하지만, 중요한 것은 그 정도로 어른들의 말과 행동이 일치하는지 보고 있다는 것이다. 나는 교과 담당으로서 교사 생활을 할 때도 머리 염색과 파마를 하지 않았다. 특히 담임 교사일 때는 용의 복장뿐 아니라 모든 행동에서 학생들에게 교육할 때 "선생님은 왜?"라는 반응을 보이도록 하는 말과 행동을 아예 하지 않았다. 그래서인지 학생들은 나에게 한 번도 그런 말을 하지 않고 생활 지도에 잘 따라주었다. 학생의 마음속에는 불만이 있었는지 모르겠지만 말이다. 학교에서 잠깐씩 만나는 교사에게도 그런 마음으로 대하는데 아이들이 항상 보고 있을 부모는 어떻겠는가를 생각해 보기 바란다. 아이들을 잘 키우고 싶다면 먼저 부모 자신의 마음가짐을 바르게 하고 모범을 보여야 하는 것은 당연한 일이다. 부모는 아이의 거울이다.

더 넓은 세상으로!

(도전과 성장)

아이들을 학원에 보내지 않았지만, 경험을 많이 하게 해주고 싶은 마음은 강했다. 두 아들이 초등 2학년, 4학년 때 친정 조카인 오누이 둘과 함께 필리핀으로 4주 동안 캠프를 보냈다. 부모와 떨어져 단체 생활을 경험하며 스스로 배우고 성장할 기회가 되겠다는 생각으로 보냈다. 타지에서 또래들과 어울리며 적응하는 생활과 다양한 경험을 통해 성장하는 데 목적을 두었다. 프로그램은 영어 토론, 승마, 미니 골프, 밀림 체험 등 여러 활동 위주로 구성되어 있어 괜찮아 보였다. 맛보기처럼 다녀온 필리핀 체험은 두 아들이 각각 초등 6학년이 되었을 때 중요한 결정을 하는 데 도움이 되었다.

큰아들이 초등 6학년 여름방학 때 뉴질랜드 가정에서 홈스테이하며 그 나라 초등학교에 한 달간 다녀보는 체험 활동을 했다. 프로그램에 대하여 충분히 알아본 후 큰아들에게 참가 의사를 물었다. 성향으로 봐서 당연히 가겠다고 할 것을 예상했지만, 우리 예상보다 더 좋아하는 모습으로 가고 싶어 했다. 보내주는 취지에 대해 충분히 이야기하고 혼자 괜찮겠는지 다짐을 받았다. 드디어 6학년 여름방학이 되어 창원에서 인천공항으로 출발했다. 오히려 내 마음이 더 떨렸다. 큰아들은 기대로 인해 설레는 마음과 혼자 가야 한다는 걱정이 섞인 듯했다. 아이는 홈스테이하게 될 집을 선정할 때 자기 혼자 가는 집을 선택했다. 그 집은 부모와 큰아들 또래의 아들과 남동생이 있는 가정이었다. 다행히 좋은 분들을 만나 주말이면 여행을 다니기도 하고 그 집 아저씨와도 많은 대화를 나누었다고 한다. 하지만 처음부터 적응을 잘했던 것은 아니다.

뉴질랜드 도착 후 바로 전화가 왔고 기분도 좋아 보였다. 사흘째 되는 날 아이는 다시 전화했고 수화기 너머로 크게 울고 있는 소리가 들렸다. 내 가슴이 철렁 내려앉았다. 침착하게 아이가 진정할 수 있도록 달랬고 무슨 일이 있는지 얘기를 나누었다. 한참을 울다가 마음대로 대화할 수 없어 너무 답답하고 힘들다고 했다. 이곳에서 영어 공부를 열심히 해서 유창한 영어 실력을 갖추고 간 게 아니니 당연히 말하는 것이 어려웠을 거다. 그런 상황에서 큰아들의 급한 성격과 무엇이든 열심히 참여하려는 욕구가 강한 성향이 한몫 거들어 더 힘들었을 것이다. 평소 자기 의견을 또박또박 밝히는 아이라 하고 싶은 말을 제대로 전달하지 못하니 그 마음이 오죽 답답했을까 싶었다. 큰아들과 통화하면서 천천히 하나하나 시도해 가다 보면 괜찮아질 것이라고 위로해 주었다. 그리고 이때까지 무엇이든 잘해 온 것처럼 시간이 지나면 이번에도 잘 해낼 것을 믿는다고 했다. 그리고 다음 날 다시 큰아들에게서 전화가 왔다. "이제 괜찮아요. 걱정하지 마세요." 하며 밝은 소리로 말했다. 우리는 아이를 믿고는 있었지만 그래도 마음이 쓰였는데, 그 한마디에 "역시 내 아들이야."를 외쳤다.

그렇게 첫 주의 소란을 잠재우며 매일매일 성장하는 듯했다. 뉴질랜드에서 혼자 학습하겠다며 수학 심화 과정 문제집을 스스로 챙겨갔다. 당연히 큰아들은 자기와의 약속을 지키고 돌아왔다. 또한 하루 세 문장으로 영어 일기 쓰기를 남편이 권유했었는데 그 일기 쓰기도 성실하게 수행했다. 만약 우리의 강압적인 요구가 있었다면 아이가 스스로 그런 것을 실천했을까 싶었다. 이렇게 할 수 있는 배경은 아이가 열 살이 되기 전 자기 주도적으로 생활하는 습관이 완전히 형성되었기 때문이다.

큰아들은 4주 동안 뉴질랜드 초등학교에서 학교생활을 체험하며 그 나라 아이들과의 교류를 통해 더없이 성장했다. 그 학교에 다니며 장기 자랑 프로그램을 통해 큰아들은 학생들 앞에서 4품의 품격으로 태권도 시범을 보였다. 그리고 학교 행사 중 하나인 체스대회도 참가했다. 결승까지 올라 그 지역 체스대회에서 우승한 학생과 대결하여 승리함으로써 인정받는 경험도 했다. 그런 활동 경험으로 자기에 대한 자랑스러움을 느끼며 무엇이든 도전하는 자세로 생활했다. 4주간의 체험을 마치고 돌아올 때는 인천공항으로 입국한 후 혼자 창원으로 돌아왔다. 창원 고속버스터미널로 마중 나가서 늠름하게 성장한 아이를 만났다. 짧은 기간 동안 정신적으로 부쩍 성장했다는 것이 겉모습에서 바로 확인되었다.

초등학생이던 아이를 혼자 남의 나라, 남의 가정으로 보낸다는 것은 우리조차도 조심스러운 결정이었다. 그래도 지금까지 우리와 함께 해온 과정을 생각하면 충분히 가능하다는 생각으로 보냈다. 아이의 의사를 확인 후 가게 되면 직면할 어려운 점과 얻을 수 있는 것 등 구체적인 내용에 대하여 아이와 의견을 진지하게 나누었다. 아이는 힘들고 두려운 부분이 있겠지만 다녀오고 싶다는 최종 결정을 내려 주었다. 두려움과 걱정이 앞섰지만, 아이의 성장을 위해 우리의 불안한 마음은 접어두기로 했다. 한 단계 성장하기 위해서 충분히 시도할 가치가 있다고 판단했기 때문이다.

4주간 체험으로 영어 실력이 향상될 것이라는 욕심은 크게 없었다. 혼자 타국에서 처음 접하는 가정의 일원으로 살면서 그곳 학교에 다녀보는 건 큰아들에게 특별한 체험이 되리라 생각했다. 그 체험을 통해 다른 나라의 같은 또래들이 어떻게 생각하고 생활하는지 경험해 보기를 원했다. 왜냐하면 아이가 세상을 넓게 보고 이해할 수 있기를 기대한 마음 때문이었다. 우리도 두려웠지만 정신적으로 성숙해질 아이의 모습을 생각하며 과감하게 보냈고 결과는 대만족이었다.

큰아들의 성공이 바탕되어 똑같은 프로그램으로 작은아들에게도 초등 6학년 때 기회를 주었다. 작은아들 역시 체험하고 싶다며 신청을 부탁했다. 그런데 내 마음이 큰아들 때와 같지 않아 망설여졌다. 큰아들은 워낙 적극적이었던 성향이라 아이가 하고 싶다고 말할 때 큰 걱정 없이 결정했었다. 작은아들의 성향을 알고 있는 나는 보내기 조심스러웠다. 망설이고 있는 나에게 작은아들은 적극적으로 가겠다고 자기 의견을 말했다. 몇 번이나 다짐을 받고 예약금을 입금했다. 마무리 준비를 하고 있던 출발 일주일 전에 작은아들이 뜬금없이 안 가면 안 되냐고 물었다. 잠시 당황스러웠다.

나는 작은아들에게 "그러면 예약금 입금한 것은 돌려받지 못하게 돼. 네 돈으로 엄마한테 주고 안 가도 상관없어. 마음이 그러면 안 가도 돼." 하고 웃으며 말했다. 내 말에 작은아들은 생각해 볼 시간을 가지겠다고 했다. 나는 자신의 결정에 대하여 책임지도록 만들기 위해 그렇게 말했다. 다음날 작은아들은 다시 가겠다며 계속 추진하자고 했다. 실제 마음은 가고 싶으나 진짜 혼자 가야 한다고 생각하니 약간 두려움이 생겨 그렇게 말했다고 한다. 하지만 '못 할 게 뭐야.'라는 생각으로 가겠다는 결심을 하게 되었다고 했다. 엄마인 내가 두려운데 그런 마음이 생기는 것은 당연했다. 작은아들도 그곳에서 자기 공부를 하겠다며 수학 기본 개념서와 심화 과정 문제집을 챙겼다. 겨우 4주 머무는데 수학 문제집 두 권이라니 우리 아들들 참 신기했다. 작은아들도 혼자 들어가는 가정을 원했으나 상황이 그렇지 못해 두 명이 같은 집에서 생활했다. 그 댁에도 같은 초등학교에 다니는 또래 아이 둘이 있었다. 같이 간 아이가 작은아들을 통해 홈스테이하는 가족과 소통하려 한다고 했다. 스스로 말하면 될 텐데 자꾸만 자기에게 대신 말해 주기를 원한다며 불만을 나타냈다. 작은아들은 그러면 뭐 하러 왔는지 모르겠다고 우리에게 말했다. 우리 걱정이 무색하게 작은아들은 조곤조곤 자기 요구사항을 주인아저씨, 아줌마께 부탁하며 정말 잘 지냈다. 자기 혼자 조용하게 공부하고 싶으니 혼자 지낼 수 있는 방으로 달라는 요구까지 했다니 대단한 아이였다.

큰아들은 뉴질랜드 남섬의 크라이스트처치에서, 작은아들은 뉴질랜드 북섬의 오클랜드에서 체험하고 왔다. 그곳 초등학교의 학기 운영 시기가 우리와 달랐다. 우리는 방학이었지만 그곳은 학기 중이라 학교생활 체험이 가능했다. 두 아들을 양육하면서 아주 다른 성향임에도 모두 자기 일은 스스로 계획하고 자기 주도적으로 아주 잘한다는 사실이 놀라웠다. 결론은 성향이 적극적이든 소극적이든 외향적이든 내향적이든 자기 일을 알아서 하는 것과 아이의 성향은 전혀 무관하다는 것이다.

필리핀 정글체험

뉴질랜드 홈스테이 가족

뉴질랜드로 출발하는 인천공항

나도 내 스타일 찾을래요

(자기 탐색)

큰아들은 항상 자기가 무엇을 원하는지 명확하게 말했다. 성격이 그렇다 보니 나와 한 번씩 부딪치기도 했다. 나 또한 옳다고 생각하는 부분은 타협을 잘 못한다. 어쩌면 그런 성향이 큰아들과 내가 닮아 있는지 모르겠다.

요즈음은 학생들의 자율권이 보장되어 교칙을 만들 때 외모와 복장 규정이 많이 허용적으로 변했다. 큰아들이 중학교에 다니던 2010년 이전에는 외모와 복장 규정이 조금씩 풀리기 시작하는 과도기였다. 교칙은 여전히 예전 규정들이 우세했지만, 학생들의 의식은 점점 자유로워지고 있어 용의 복장을 지도하는데 아주 힘든 시기였다. 나는 교사로서 교칙이 있으면 지킬 수 있게 교육해야 한다는 생각이다. 현실과 괴리가 있는 규정은 바꿔 학생 교육을 제대로 해야 함을 일관되게 주장해 왔다. 학교는 학생의 성장 과정에서 옳고 그름에 대한 기준을 교육해 주어야 한다. 그 기준으로 옳게 판단할 수 있도록 도와야 하는 것이 학교 교육의 한 부분이다. 학교는 학생들이 교칙을 지키는 게 당연하다고 생각하도록 만들어 주어야 한다. 옳은 행동은 불이익받지 않으며 정당하고 떳떳하게 생각하는 마음이 생기게 도와야 한다. 그리고 잘못된 행동을 했을 때는 그 행동에 대한 책임감을 느끼도록 만들어야 한다. 그 잘못을 스스로 부끄럽게 생각하며 수정할 수 있게 교육해야 한다.

요즈음 교칙을 지키면 손해 본다는 생각으로 걸리면 재수 없다고 생각하는 학생들이 제법 있다. 학교생활에서 이런 생각을 하는 것은 너무나 비정상적이라 여겼다. 규칙은 약속이다. 그 약속을 어기면 사회는 서로 피해를 주고받게 될 수밖에 없다. 사회 질서 유지를 위해 만든 것이 법이다. 학교에서는 교칙이 사회의 법과 같다. 교칙을 어기고 걸리면 재수 없다고 생각하는 학생이 성인으로 성장했을 때 법을 대하는 태도도 그렇지 않을까 한다. 대다수가 지킬 수 없는 교칙은 없애야 한다. 도덕적 양심으로 교칙을 지킨 학생이 손해 본다는 느낌이 들지 않게 만들어야 한다. 지금은 운동화를 실내에서 신도록 허용하는 학교가 많아졌다. 4~5년 전만 해도 실내에서의 운동화 착용이 많은 문제를 일으켰다. 교칙에 운동화를 실내에서 금지하고 있었는데도 다수의 학생이 눈치껏 실내에서 신었다. 나는 그 당시 실내에서 운동화 신는 학생들을 강하게 단속했다. 이유는 교칙을 준수하는 학생들의 양말이 더럽혀졌기 때문이기도 했고, 교칙을 지키는 학생들이 정상이라는 의식을 심어주고 싶었다.

대부분 중학생이 되면 사춘기가 극에 달해 부모와 아이뿐 아니라 교사와 학생도 전쟁을 치르게 된다. 큰아들은 평소 나와 대화를 많이 하며 지내왔기 때문에 서로를 이해해 부딪치는 일이 별로 없었다. 그런데 한번은 크게 부딪치는 사건이 발생했다. 중학교 2학년 때 수학 올림피아드를 준비하겠다고 4월부터 수학 전문학원에 다니면서 아들의 사고가 완전히 바뀐 듯했다. 큰아들은 어릴 때부터 머리카락이 세고 뻣뻣한 성질이라 항상 스포츠형으로 머리를 단정하게 잘랐다. 자기는 모범생이라 복장도 아주 단정하게 하는 것이 당연하다고 생각하며 생활했다. 그런데 수학 전문학원에서 각 학교의 우수한 아이들과 만나 친구가 되면서 생각이 바뀌기 시작했다. 머리도 기르고 옷도 유행하는 복장으로 신경을 쓰며 자기가 하고 싶은 대로 하려는 성향이 강해졌다.

그러던 어느 날 단정하지 못한 머리카락 문제로 나와 부딪쳤다. 머리카락이 고슴도치처럼 하늘로 치솟아 너무 지저분해 보였다. 머리카락 정리하기를 원하는 나에게 계속 머리를 기르겠다며 의사 표현을 강하게 하면서 버릇없이 덤볐다. 이미 아들의 키는 180cm 정도였고 운동으로 몸이 다져져 있어 돌덩이 같았다. 그런 아이를 나는 바닥에 앉힌 상태에서 펀치를 날렸다. 맞고 있던 큰아들은 그만 때리라며 대들었다. 나는 학교에서 문제 있는 학생이 눈을 부라리며 덤비는 것은 참을 수 있어도 내 새끼가 그러는 것은 참을 수 없다고 말했다. 엄마에게서 경제적으로 도움받으며 지내는 동안에는 네 마음대로 하지 말라고 소리쳤다. "엄마가 정말 화가 났을 때는 눈을 똑바로 보고 덤비지 마!" 하고 엄마한테 함부로 버릇없이 말하는 것은 잘못된 일이라고 했다. 하고 싶은 말이 있으면 차분하게 제대로 말하라고 요구했다. 큰아들과 평소 관계 형성이 되어 있지 않았으면 그날 일은 큰 문제가 되었을 것이다. 다행히 아들은 바로 정신을 차리고 평소 모습으로 돌아왔고 다음 날 나와 차분하게 대화했다.

"엄마! 어제는 정말 죄송해요. 지금까지 나는 학교에서 모범생이니까 다른 아이들이 일탈행동을 해도 나와는 무관하다고 생각하고 생활했어요. 그런데 학원에서 만난 아이들이 모두 자기 학교에서 공부도 잘하고 인정받는데 옷이랑 머리가 저처럼 이렇지 않아 놀랐어요. 그래서 나도 어떤 머리와 옷이 잘 어울릴지 생각하며 외모에 변화를 주고 싶다고 생각하게 되었어요. 뻗치는 머리라 일정 시간 동안 지저분해 보이겠지만 길러 보고 결정하고 싶어요."

"그래 지금은 교칙에 머리 길이가 완화되어 있으니, 엄마도 지저분해 보이지만 참고 지켜볼게. 그런데 언제까지 어떤 형태로 기르려고 생각하니?"

"적어도 머리카락을 눕히는 단계까지 가려면 3~6개월 정도는 돼야 하지 않을까요?"

"알았어. 앞으로는 엄마한테 어제처럼 버릇없이 말하는 건 절대 안 된다. 엄마뿐 아니라 어른들께도 네가 좀 억울하다 해도 그런 식으로 덤비면 안 돼. 네 입장은 전달되지 않고 태도 때문에 네 인성이 잘못된 것으로 판단되니 조심해야 해."

"네. 조심하겠습니다."

큰아들의 사춘기 반항은 그렇게 정리되었고 이후로는 잔잔한 문제들이 가끔 발생했지만, 항상 잘 해결되었다. 특히 문제가 발생했을 때 사춘기로서 겪는 마음의 갈등은 이해하고 있다고 말해 주었다. 스스로 판단할 수 있어 무엇을 잘못하고 있는지 알고 있을 테니 엄마는 기다려 주는 것이라고 했다. 그리고 행동이 옳아서 문제 삼지 않는 것이 아님을 인지시켰다. 아들도 알고 있다는 신호를 보내며 자기도 어떤 행동과 말이 문제가 되는지 인식한다고 했다. 그러면서 어느 순간 자기 잘못을 인지하면서도 그냥 마음대로 한다는 것도 인정했다.

"엄마는 네가 그렇게 행동해도 괜찮기 때문이 아니라 네 시기를 이해하는 것도 있지만, 바르게 판단할 수 있다고 믿기 때문에 기다려 주는 것임을 꼭 생각해."
"네. 걱정하지 않으셔도 돼요."

이후 자기의 목표를 이루기 위해서 바쁘다 보니 사춘기는 큰 문제 없이 지나갔고 우리 가족의 관계는 더 단단해졌다.

학교 축제를 즐겨요

새로운 도전

나는 경남과학고와 창원과학고에서 근무해 보지 않았다. 두 아들을 통해 학생들이 학교에서 어떤 생활을 하며 활동하는지 알게 되었다. 서로 무서울 정도로 열심히 학습하면서 운동도 열정적으로 참여하는 학생들이 많았다. 결국 스스로 학습하는 학생들은 자기 몸과 스트레스를 관리하는 능력도 좋았다. 그래서 무엇이든 자기들이 하고 싶은 것이 있으면 열정적으로 노력한다.

두 아들은 과학고에서 2학년 때 조기졸업으로 대학에 입학했다. 2학년 2학기는 대입 원서 서류와 입시 준비로 아주 바빴다. 당시에는 자기소개서를 비롯해 준비해야 할 서류가 많았다. 여섯 개의 대학까지 지원할 수 있었고 큰아들은 세 곳의 대학에, 작은아들은 여섯 곳의 대학에 지원했다. 각 대학에서 요구하는 서류를 준비하는 게 간단하지 않았다. 다행히 두 아들은 원하는 대학에 모두 1차 합격하며 심층 면접 준비로 바쁜 2학기를 보냈다. 열심히 해온 덕분에 자신들이 생각한 곳에 최종 합격 통보까지 받았다.

두 아들은 고등학교 생활의 마무리를 위해 12월에 있는 학교 축제를 스스로 즐기기로 했다고 한다. 즐기는 방법은 무대에서 친구들 5~6명과 당시 한참 유행하던 아이돌 그룹의 춤을 추겠다고 했다. 큰아들은 원래 춤과 노래를 즐기는 아이라 그러려니 했다. 2년 뒤 작은아들도 친구들과 그룹으로 아이돌 댄스를 하겠다고 해 깜짝 놀랐다. 작은아들은 남들 앞에 나서는 걸 좋아하지 않을 뿐 아니라 좀 힘들어하는 성향이었기에 많이 의외였다. 큰아들은 무대에 오르기 위해 귀가하면 우리 앞에서 최선을 다해 연습을 반복했다. 그때 작은아들은 중학교 3학년이었고 형이 하는 걸 보며 좋았던 것 같았다. 대학 합격 후 작은아들도 친구들과 그룹으로 춤추기로 했다며 정말 열심히 연습했다. 노래 부르고 춤추는 것을 거의 좋아하지 않는 아이였는데 놀라웠다. 심지어 연습하는 모습을 보면 춤을 잘 추기까지 했다.

작은아들은 큰아들을 보며 형이 했던 것은 모두 해보려는 태도를 보였다. 자신의 존재감을 드러내는 큰아들과 눈에 띄지 않으려는 작은아들의 성향이 그렇게 다름에도 불구하고 두 형제는 사이가 너무 좋았다. 큰아들은 어떻게든 동생을 보호하고 도와주려는 마음이 강했고 작은아들은 그런 형을 신뢰하고 따른다. 심지어 학교 축제를 즐기는 방법까지도 따르니 말이다.

그렇게 자기들의 고등학교 생활을 마무리하고 먼저 서울대학교에 가 있던 형을 작은아들은 대학에서 다시 만나 10년간 같은 방에서 사이좋게 지냈다. 큰아들은 2년간 대학 기숙사에서 생활하다 동생이 같은 학교로 진학하자 방을 구해 나왔다. 부모로서 두 아들의 관계를 지켜보는 것은 정말 행복했다.

⑭

제 생각은 알고 계셔야지요

(소통 2)

지금도 거의 매일 전화해 자신들의 근황을 알려주는 두 아들에 대해 이야기하면 주변 사람들은 신기해한다. 두 아들은 중학교를 졸업하면서 각자 집을 떠난 것이나 다름없었다. 그래서 가정 교육에 문제가 생기게 되는 걸 우려해 고등학교에 진학 후 큰아들은 매주 전화로 근황을 말해 주도록 했다. 작은아들은 주말이면 귀가할 수 있었기에 대화하는 건 문제가 없어 항상 서로의 생각을 교환할 수 있었다. 그런 영향이었는지 결혼한 큰아들과 박사 학위를 위해 연구 활동을 열심히 하는 작은아들 모두 퇴근할 때나 점심시간에 전화를 해온다. 바쁜 와중에도 전화로 자신의 근황과 생활에 대하여 많은 이야기를 해준다. 항상 자기들이 생각하고 있는 것을 나와 공유하며 대화하는 게 당연하다고 여기고 있다.

큰아들은 과학고의 기숙사 생활로 인해 매달 한 번 귀가하면 잠을 자게 하거나 쉬도록 해주었다. 그렇게 피곤한 생활에서도 아이는 학교에서 어떻게 생활하고 있는지 아주 자세하게 이야기해 주었다. 친구 관계와 학습 내용, 기숙사에서의 생활 등에 대하여 가감 없이 온갖 내용을 말한다. 어떤 때는 나에게 혼날 이야기도 스스럼없이 말한다.

"진홍아! 엄마한테 지금 이야기하는 것은 혼날 내용인 거 같은데."

"에이 혼날 수 있다는 거 알아요. 하지만 제가 어떤 생각을 하고 있는지 다른 사람은 모르도록 해야지만 엄마는 다 알고 계셔야지요. 저도 뭐가 문제인지 알고 있어요. 엄마가 뭘 야단치실지도 다 알아요." 하며 웃는다. 그리고 덧붙였다.

"엄마! 걱정하지 마세요. 그냥 제가 그렇게 생각했다는 것이고 겉으로 그런 걸 내색하지는 않아요. 그 정도는 다 판단하고 행동해요. 다만 제가 그런 생각도 했었다는 것을 말씀드린 거예요."

"그래 엄마는 항상 너를 믿고 있으니 함부로 행동하지 않을 거라는 걸 잘 알아. 어쨌든 네가 너 마음속 얘기도 모두 해주니 엄마 마음이 안심되네."

큰아들은 고집이 센 편으로 간섭을 싫어한다. 나 또한 내가 하고 싶어서 하는 일은 최선을 다하고 열심히 하지만 누군가 간섭하면 하기 싫다. 그래서 아이들에게도 뭔가를 하라고 강요하지 않는다. 사람 마음은 다 같을 것이니 반드시 해야 하는 일이라고 생각되면 하고 싶은 마음이 생기도록 환경을 조성했다. 기본적으로 아이들은 호기심이 장착되어 있기에 환경 조성만으로도 충분히 부모의 의도대로 따라온다. 아이의 성향에 전혀 맞지 않아 아이 마음이 동하지 않으면 어쩔 수 없다. 어쨌든 부모의 강요는 그 순간에 통할지 모르나 장기적으로 볼 때 역효과가 날 확률이 훨씬 높다.

이렇게 아이들의 자율성을 인정하고 생각을 존중하다 보니 자기 마음속 이야기를 나에게 거의 풀어 놓는 편이다. 평소 좋은 생각이든 그렇지 못한 생각이든 자연스럽게 이야기하며 대화하는 것이 생활화되어 있다. 성인이 된 현재까지도 큰아들은 회사 생활에서 느끼는 생각을, 작은아들은 연구 활동에서 느끼는 생각을 우리에게 전한다. 심지어 큰아들과 작은아들은 자기들의 박사 과정에서 연구하는 주제와 내용에 대해서도 자세하게 설명해 준다. 공과대학 박사 과정의 연구 내용을 어떻게 알아듣고 이해하겠나 싶지만 아들은 개의치 않고 말해 준다. 두 아들의 이야기를 듣다가 궁금해하며 물으면 성심성의껏 말해 준다. 우리가 알아들을 수 있는 수준으로 쉽고 상세하게 예를 들어가며 설명한다. 못 알아듣는 게 정상이라는 말을 하며 그래도 상관없이 자기들이 뭘 연구하는지는 대충 알고 계시라며 웃는다.

두 아들은 기본적으로 다양한 주제로 우리와 끊임없이 서로의 생각을 나누려는 자세를 보인다. 그래서 서로가 어떤 생각과 태도로 세상을 대하고 살아가는지 알고 있다. 사회를 바라보는 시선과 인간관계, 자기 일의 계획과 실천, 현재의 어려움과 극복 과정 등 모든 걸 공유함으로써 서로의 상황을 이해하고 있다. 신뢰는 그냥 생기지 않는다. 특히 물리적 거리가 존재하면 아무리 가족이라도 남들과 같아진다. 그렇게 되지 않으려면 대화가 필요하다. 가족 간에 서로를 인정하고 격려하며 깊은 대화를 나눌 수 있으면 아무리 멀리 떨어져 있어도 그 신뢰는 무너지지 않는다.

아이들이 말하기 시작하면 귀찮을 정도로 묻고 또 묻는다. 그때 열심히 경청하고 대답해 주자. 그 시기부터 초등학생 때까지 경청하고 답해 주면 아이들은 사춘기 때도, 성인이 되어서도 입을 닫지 않는다. 대부분 부모는 사춘기가 되면 아이가 부모에게 말하지 않는다고 한다. 말문이 트이는 시기부터 초등학생 때까지 부모가 어떻게 반응했는가에 따라 아이들의 태도도 완전히 다르게 나타난다. 아이들과 평생 좋은 관계를 유지하고 싶다면 그 시기에 귀찮다고 생각하지 말고 최선을 다하자.

큰아들의 찐 인도 여행기!

(실패 속 성장)

2012년 대학에서의 첫 겨울방학, 큰아들은 같은 대학에 다니고 있던 고등학교 동기 세 명과 인도로 배낭여행을 간다고 했다. 여행 계획을 세우고 항공권과 숙박업소를 알아보며 들뜬 마음으로 준비하고 있었다. 그 과정을 지켜보고 있던 나는 첫 배낭여행을 왜 인도로 결정했는지 궁금해서 물었다. 아이는 해외 배낭여행을 저렴한 경비로 다녀올 수 있는 곳이라 선택했다고 한다. 그 말에 다시 진지하게 고민해 보기를 권했다. 인도는 대부분 자신의 삶을 성찰하기 위해 떠나는 해외여행 장소인데 첫 여행지로 선택했다는 게 걱정되었다. 인도 사회의 특징과 생활문화를 자세하게 알아보고 그곳에서 생활할 자신이 있는지 생각해 보라고 했다. 패키지가 아닌 배낭여행이라 신경이 쓰인다고 말했다. 큰아들은 충분히 알아보고 결정했다며 걱정하지 않으셔도 된다고 안심시켰다. 염려스러웠지만 청년 네 명이 함께 가는 것이니 '어떻게든 해낼 수 있겠지' 생각하고 지켜봤다.

여행 계획을 세우고 인터넷으로 저가 항공을 찾아 항공권을 구매하고 숙소도 예약하는 것 같았다. 필요한 용품 구매와 한 달간 여행하는 경비를 1

인당 100만 원으로 예상하고 준비한다고 했다. 항공권과 숙박료, 식비까지 과연 가능한가라는 생각인데 아이들은 가능하다고 했다. 드디어 출발하고 잘 도착했다는 연락이 왔다. 자기들의 일정과 관광 과정에서 생기는 일들을 상세하게 알려왔다. 다른 곳도 아닌 인도에서 아이들이 잘 생활할 수 있을까 걱정되었다. 하지만 겪어보고 느끼는 것이 여행이니 뭐든 경험하고 세상을 공부할 것이라 믿었다. 그런데 며칠 뒤 우리의 우려는 현실로 다가왔다. 네 아이 모두 각 가정에서 곱게 자란 아이들이니 인도에서 배낭여행을 하는 것은 쉽지 않았을 것이다.

여행 사흘째 되던 날 항공권이 구해지는 대로 돌아오겠다고 했다. 도저히 인간의 존엄성을 포기하고 무법천지인 것 같은 곳에서 더 이상 여행하기 힘들다고 판단해 돌아갈 것을 결정했다고 한다. 저가 항공사의 왕복항공권을 구매했기 때문에 돌아올 항공권은 환불받지 못한다. 그걸 알면서도 얼마나 힘들고 급했으면 오는 항공권을 포기하고 새로 구매해 돌아오겠다고 하는지 황당했다. 그렇게 겨우 일주일을 여행했고 각자 표가 구해지는 대로 돌아왔다. 같이 출발한 네 명은 함께 돌아오지 못하고 한 명, 한 명, 두 명 따로 돌아왔다.

인도 배낭여행을 결정했을 때 우리로부터 우려되는 점을 들었지만, 자기들은 충분히 할 수 있다는 생각이었다고 한다. 그래서 큰소리치며 떠났는데 면목 없다고 했다. 인도 여행 이후 큰아들과 많은 이야기를 나누었다. 자신이 보고 느낀 점에 관한 이야기도 많았고 자신이 살고 있는 이 나라가 얼마나 좋은지도 깨달을 수 있었다고 한다. 현재 20~30대 사람들은 경제적인 혜택을 누리면서 어린 시절을 보냈다. 물론 우리 세대도 윗세대에 비하면 큰 어려움을 겪었다고 보기 힘들다. 그래도 외국으로부터 경제적 지원을 받으며 자랐으니 물질적 풍요는 생각할 수도 없었다. 깨끗하게 정비된 환경에서 절대적 빈곤을 모르고 자란 아이들이었다. 그 아이들이 이제 막 부모의 보호에서 벗어난 생활을 하며 전혀 새로운 세상 밖 경험을 하게 만든 인도는 아이들에게 어떻게 다가왔을까?

큰아들은 인도의 사회 분위기와 규칙이라고는 적용되지 않았던 실태에 대하여 상세하게 이야기했다. 타인을 배려하지 않는 일반 사람들의 말과 행동, 지저분한 환경, 무엇보다 화장실에 화장지를 두지 않아 엉덩이를 씻어야만 했던 경험에 관해 흥분하며 말했다. 인도 여행을 계획하며 사전에 충분히 알아보고 마음의 준비를 하고 떠났다고 했다. 하지만 실제 겪어보니 너무 힘들고 인간의 존엄성이 존재하지 않는 것 같아 견디기 어려웠다고 토로했다.

나는 우리나라도 1970년대까지만 해도 사회 분위기나 환경, 사람들의 의식 등이 인도보다 크게 낮지는 않았을 거라고 말했다. 더불어 우리의 힘들었던 어린 시절 이야기를 들려주었다. 천정에는 쥐가 뛰어다녔고 부엌은 흙바닥으로 된 열악한 환경이었다고 했다. 땔감은 나무와 소나무의 떨어진 잎인 갈비를 긁어모아 사용했다는 말도 해주었다. 당시 초등학교에서는 식빵과 옥수수죽을 배급받으며 자랐던 이야기도 했다. 절대적 빈곤이 어떤 것인지 경험하지 않은 세대는 우리가 학교에서 교육할 때도 전혀 이해하지 못했다. 그런 시절이 있었다고 생각도 하지 않을뿐더러 사실 자체를 부정하는 모습을 보였다.

큰아들은 인도에서의 경험을 통해 절대적 빈곤과 사람들의 의식이 왜 중요한지 알아듣는 모습이었다. 그러면서 나라의 발전이 멈추고 경제를 비롯한 모든 상황이 후퇴된다면 어떻게 될 것인지 아이와 함께 상상해 봤다. 우리 세대는 그래도 어려운 환경을 살아본 경험이 있으니 힘들어도 적응할 힘이 있다고 이야기했다. 하지만 아이들 세대는 견디기 힘들 거라는 내 생각을 전달했다. 사람이 어려운 환경에서 편해진 환경으로 적응하는 건 쉽다고 했다. 편안한 삶이 익숙한데 힘든 상황이 되면 실제보다 몇 배 힘들게 느껴짐을 알려주었다. 그래서 살아가기를 포기하는 사람이 생길 수 있는 것이 현실이라고 했다.

"인도 여행을 중도에 포기하고 왔지만, 그 여행에서 절실하게 느낀 게 있다면 그것도 경험이고 학습일 수 있지 않겠냐?"

"네 저도 그렇게 생각해요. 그래서 정말 열심히 공부하고 사회를 발전시켜 가는 데 보탬이 돼야겠다고 다짐했어요."

"그래 우리나라는 알다시피 자원이 없어 힘들어. 퇴보하지 않고 지속적인 발전을 할 수 있기 위해 너희 같은 아이들이 열심히 해서 국가가 발전할 수 있도록 해야지. 너는 인도 사람들처럼 살아가라고 하면 살 수 있겠냐?"

"그렇게 안 되도록 해야죠. 이번 여행에서 한때 무굴제국으로 영화를 누렸던 그 나라가 현재 어떤 모습을 하고 있는지 봤어요. 그 사람들이 살아가고 있는 걸 보면서 느낀 게 많아요. 물론 인도 사람들의 정신적 문화의 바탕이 우리와 다름으로 인해 나타나는 현상도 많았지만요. 우리나라 발전이 퇴보되는 일이 없도록 최선을 다해 살아갈 거예요."

대학 1학년이었던 열아홉 살 아이들은 인도 여행으로 느낀 게 많아 보였다. 용기 있는 인도 배낭여행 도전이 아이들의 마음에 단순한 실패가 아니라 앞으로 살아가면서 힘든 상황을 맞았을 때 의지를 다지는 기회가 될 수 있음을 믿는다.

자기주도 1등 아이를 위한 부모교육 Q&A

Q1. 소통 잘하는 아이로 만들려면 어떻게 해야 하나요?

부모가 아이의 말을 잘 들어주고 반응해야 해요. 객관적 사실을 먼저 말하게 하고 자신의 감정표현을 하도록 연습시켜 주세요. 부모는 아이의 말에 긍정적으로 반응해야 좋아요.

Q2. 의욕적인 자세로 생활하게 하려면 어떻게 해야 하나요?

부모가 아이를 관찰하며 열심히 하는 과정을 인정해 주세요. 결과보다 과정이 충실한 것에 초점을 맞추고 칭찬과 격려를 아끼지 마세요. 작은 것이라도 자신의 의지로 성공한 것이 자주 생기면 의욕이 넘치는 아이로 변해요.

Q3. 사춘기 아이를 어떻게 효과적으로 대응해야 하나요?

우선 아이와 대화를 많이 하세요. 처음에 대화가 어색하면 아이의 관심사로 시작하세요. 절대 비난하지 말고 열린 마음으로 대화하면서 감정을 공감하고 이해해 주세요. 아이는 부모가 자신을 이해해 준다는 생각이 들면 온갖 이야기를 다 해주어요. 대신 잔소리는 하지 마세요. 아이의 혼란스러운 시기를 이해하니까 믿고 기다린다는 말을 해주세요.

성장 다섯

이제는 완성, 도전과 성취로 꿈을 펼쳐요

①

나도 한글 배우고 싶어요

(자기주도학습 시작)

모든 양육 경험이 처음이라 새롭게 뭔가를 시작하게 되는 시점이면 혼자 생각으로 결정하기 어려울 때가 많았다. 이 시기에 이런 걸 하는 게 맞는지 아이의 성장에 도움이 되는지 항상 고민했다.

큰아들이 여섯 살을 지나고 있을 때 '한글을 가르치지 않아도 되나.'라는 고민이 생겼다. 근무하고 있는 학교의 동료 교사 중 같은 시기의 아이를 양육하는 선생님들이 몇 있었는데 한글을 교육하고 계셨다. 그리고 큰아들 시기쯤 되니 대부분 한글을 읽을 줄 아는 것 같아 마음이 좀 흔들렸다. 그런 마음에서 한글을 가르치기 위해 시도한 첫날 욕심이 생기니 아이를 다그치고 있는 내 모습이 보였다. 그걸 느끼는 순간 바로 그만두었다. 원래 우리가 가진 교육철학으로 돌아갔다. 한글을 알게 되는 순간 창의력이 사라질 수 있다는 걸 알면서도 남들과 비교하는 마음이 발동되면서 조급해졌다는 걸 깨달았다. 그렇게 한글 교육 시도 하루 만에 포기하고 자연스럽게 알아가도록 기다리기로 했다.

그 에피소드가 있고 난 몇 개월 뒤 큰아들이 유치원 선생님께 한글을 배우고 싶다고 했다는 말을 들었다. 유치원 선생님께서는 아들이 가지고 간 노트에 자음과 모음으로 이루어진 기초 글자를 써주셨다. 유치원을 다녀온 아이는 윗줄에 있는 한글의 가, 갸, 거, 겨… 로 된 글귀를 따라 쓰고 있었다. 어찌나 집중해서 열심히 하든지 귀엽고 대견스러웠다. 스스로 배우고자 하는 마음으로 시작한 한글이라 그런지 금방 배웠다.

처음 유치원을 보낼 때 숫자나 한글 공부를 시키지 말기를 요구했었다. 그러면서 유치원 교육에서 꼭 필요한 기초 생활 습관 교육에 신경 써 주시기를 부탁드렸다. 그런데 아이가 한글 교육을 부탁했다니 선생님께서 황당하지 않았을까 생각했다. 큰아들은 주변 친구들이 한글을 읽고 쓸 수 있게 되자 자신도 배우고 싶은 욕망이 생긴 것 같았다. 그 뒤 초등학교에 입학했고 누구나 하는 받아쓰기가 시작되었다. 첫 받아쓰기에서 30점을 받고 아이는 학교에서 돌아온 후 다음번 받아쓰기 내용을 책을 보며 열심히 연습했다. 받아쓰기 시험을 보는 전날 저녁에 퇴근한 나를 쫓아다니며 줄 그은 부분을 불러주면 아이는 받아쓰겠다고 했다. 소리와 글자가 달라지는 낱말에 약간 혼동 하기는 했지만 잘 받아쓰는 모습이었다. 이렇게 열심히 받아쓰기를 연습하며 한글을 익혀가던 아이는 점점 발전 되어가는 모습을 보였다. 나는 받아쓰기에 대하여 크게 걱정하지 않았다. 글의 구조와 뜻을 이해하고 있으면 맞춤법은 자연스럽게 익혀질 것으로 생각했기 때문이다. 그리고 아이는 내 예상대로 점점 나아지는 자기 모습에 스스로 성취감을 느끼며 성장해 갔다. 만약 내가 아이의 받아쓰기 점수에 예민한 반응으로 다그쳤다면 아이는 어떻게 되었을까? 그 순간에는 잘할 수 있겠지만, 계속 잘해 나갈 수 있을지는 모를 일이다. 오히려 부작용이 더 생기지 않았을까 한다.

학습은 스스로 하려는 의욕이 생길 때 진정한 학습이 가능하다. 목표를 세우며 성취하려고 마음먹는 순간 열심히 한다. 아이의 성취욕을 자극하며 평소 생활 습관을 형성시켜 주자. 습관이 잘 형성된 아이는 학습할 시기가 되면 알아서 한다. 나는 누가 시키면 하려고 했던 것도 하기 싫은 경험을 수없이 했다. 아마 대부분 사람이 그렇지 않았을까 한다. 기다리면 준비된 아이는 때가 되었을 때 몰입해서 순식간에 해낸다. 부모의 조급함으로 인해 망치지 말자. 그런 경우를 교직 생활을 통해 무수히 경험했다.

중학교 3학년 담임을 수행하던 중 우리 반 남학생이 갑자기 등교하기를 거부한다는 전화를 어머니로부터 받았다. 학생의 어머니는 거의 울먹이는 목소리로 내게 알려왔다. 평소 말썽 하나 피우지 않고 자기가 해야 할 일을 잘해 내며 성실하게 생활하는 남학생이었다. 물론 약간 느긋한 성격으로 급한 것이 없는 성향이었지만 아무 문제가 없었다. 그때만 해도 경상남도 지역은 고등학생을 내신 성적으로 선발했다. 창원지역은 인문계 고등학교에 입학하려면 적정수준의 내신 성적이 필요한 시기였으니 그 학생의 어머니 입장은 애가 탈 노릇이었다. 어머니와 상담해 보니 아이가 문제 있는 것이 아니라 어머니가 문제였다. 중학교 3학년 남학생의 일거수일투족을 모두 챙기며 관리를 하고 계셨다. 나는 학생의 어머니께 말씀드렸다.

"어머니! 주영이가 학교 오고 싶어 하지 않으면 가만히 두시고 지켜보시길 권합니다. 주영이가 인문계 고등학교에 가지 못할 성적도 아니고 지금은 크게 문제 되는 시기가 아닙니다. 지금 아이의 문제를 해결해 주지 못하면 고등학교에서 더 큰 문제로 발전될 겁니다. 저는 주영이라면 믿을 수 있으니 제 말 믿고 어머니도 아이를 믿고 기다려 주세요. 그러실 수 있지요?"

"네. 힘들겠지만 지켜볼게요."

"만약 참기 힘드시면 제게 전화 주셔서 하소연하세요. 지금부터는 아이가 잠을 자든, 놀고 있든, 게임을 하든 아무 간섭하지 마시고 가만히 두시길 꼭 부탁드려요." 그렇게 말씀드리고 아이를 바꿔 달라고 했다.

"주영아! 선생님은 너를 믿는다. 네가 어떻게 하는 게 좋을지 깊이 생각해 봐. 학교 올 의미를 찾았을 때 네가 오고 싶은 마음이 생기면 와. 선생님은 믿고 기다릴게. 알았지? 엄마는 걱정하지 말고."

"네."라고 짧은 답이 돌아왔다.

며칠이 지나 그 학생의 어머니가 전화를 주셨다. 전화기 너머로 울고 계신 듯했고 얼마나 답답해하는지 충분히 느껴졌다. 한참 하소연을 들으며 그래도 절대 간섭하지 마시라고 했다. 그 당부와 함께 그렇게 길게 가지는 않을 것이니 걱정하지 마시라고 위로했다. 드디어 일주일 만에 아이가 학교에 다니겠다고 한다며 상담 요청을 했다. 그날 학교에 어머니와 함께 온 학생은 나와 많은 이야기를 나누었다. 스스로 학교에 다니겠다는 결정을 내린 후부터는 더 열심히 학교생활을 했다. 주영이는 고등학교 진학 후 학급 반장으로서 열심히 생활하며, 좋은 성적도 받고 있다며 연락을 해주었다. 연락을 받은 나는 정말 기분 좋았다. 주영이는 어머니의 지나친 보살핌과 넘치는 사랑이 문제였다.

남자아이들은 사춘기가 되기 전부터 어머니가 조금씩 놓아주는 연습을 해야 한다. 그 시기를 놓치고 부모 성향대로 아이를 통제하거나 지나친 사랑을 계속 쏟게 되면 오히려 역효과가 난다. 말을 잘 듣던 아이가 어느 날 갑자기 반항하게 되면 대부분 어머니는 충격을 받게 되며, 아이와 갈등의 골이 깊어지기 마련이다. 사춘기가 되면 당연히 자신을 찾아가게 되는 게 맞다. 건전한 아이는 표현이라도 해서 문제를 제기해 주기 때문에 타협이라도 할 수 있다. 그런데 부모와 관계 형성이 잘못되어 있는 아이는 속으로 곪아갈 수 있으니 철든 부모가 먼저 살피고 이런 사태를 미리 방지하자. 아이는 스스로 성장할 힘이 있으니 열 살까지는 모든 습관 형성에 최선을 다해 신경을 써주고, 이후에는 사랑을 바탕으로 지켜보며 격려와 믿음으로 기다려 주자.

이제 내 차례일지 어떻게 알아요?

도전과 성취

초등 6학년인 큰아들이 하루는 퇴근한 나에게 영재교육원에 가겠다고 했다. 그 당시 나는 교직 생활을 하면서 학교 외의 활동에 대하여 알지 못했다. 영재교육원에 어떻게 입학해야 하는지도 잘 모르고 있었으니 생각해 보면 엄마로서는 한심한 정도였다.

"엄마! 나도 영재교육원에 원서 넣어 주세요."
"영재교육원. 무슨 영재교육원? 어디 있는데?"
"오늘 친구들이 창원대학교 영재교육원에 원서 넣는다고 했어요."
"그래. 그러면 한번 알아보자."

대화 내용을 보면 한심스럽지 싶다. 아이들이 초등학교 다니는 동안은 학습에 대한 스트레스를 주고 싶지 않았다. 그 시기부터 지나친 학습을 요구할 필요가 없다는 생각이 강했다. 우리는 두 아들을 영재로 만들겠다고 생각하며 양육하지 않았다. 그러니 영재교육원에 대하여 알 수가 없었다. 큰아들이 가겠다고 하니 영재교육원에 대한 정보를 아들과 함께 찾아보았다. 우리 지역에는 창원대학교와 경상남도창원교육지원청, 경남대학교에서 운영하는 영재교육원이 있었다. 우리 집에서 가까운 창원대와 지역교육청에서 운영하는 두 곳에 원서를 넣기로 했다. 사교육에 관심이 전혀 없었기 때문에 뭘 어떻게 준비해야 하는지도 모른 상태에서 일단 시험을 봤다. 시험 당일 고사를 치르는 장소에 도착했더니 정말 많은 사람이 와 있어 놀랐다. 그곳에서 새롭게 알게 된 사실이 있었다. 영재교육원 합격을 위해 준비를 많이 해야 하며 사교육도 받아야 한다는 것이다. 기다리면서 다른 부모들의 준비 과정을 듣게 되었다. 우리는 준비한 것이 하나도 없었는데 '그래도 아이가 실력이 되면 합격할 수 있겠지' 하고 내심 기대했다. 아니면 어쩔 수 없다고 생각하면서도 불합격되면 실망할 아이에 대한 걱정이 앞섰다. 큰아들은 가족과 도서관을 다니며 수학 관련 책을 많이 읽은 정도였다. 그리고 초등 3학년 겨울방학부터 매년 방학마다 수학을 나와 같이 학습한 정도였으니 합격은 좀 무리인가 했다. 그런데 수학반으로 지원한 두 곳 모두 합격했다. 우리는 교육청에서 운영하는 쪽이 좋을 것 같아 지역교육청에 등록했다.

엄마표 수학 교육으로 방학 때마다 하루 2시간씩 아이와 다음 학기를 준비한 게 전부였다. 물론 초등 6학년 때는 수학 과외 선생님 도움을 일주일에 두 번 정도 받기는 했다. 방학 때마다 수학의 기본 내용을 교재로 학습한 후 심화 문제집 한 권을 공부한 정도였는데 아이가 합격했다. 두 아들과 수학을 학습할 때 기본내용을 먼저 알아본 후 심화 과정을 다루면서 게임처럼 문제를 풀고 놀이하듯 풀이 과정을 토론했다. 아이의 풀이, 나의 풀이, 답안지의 풀이를 서로 비교하며 이야기하고 왜 그렇게 풀게 되었는지 말하는 과정을 거쳤다. 교사였던 나는 아이가 스스로 학습하고자 하는 의욕이 강하고 수학적 사고력이 발달한 아이라는 판단 정도는 할 수 있었다. 미술 교사였지만 수학에 관한 흥미는 항상 가지고 있었으므로 아이와 재미있게 수학으로 놀 수 있었다. 가르치는 방향이 맞는지 초등 교육과정을 살피면서 확인도 했다.

그렇게 엄마와 즐기면서 학습한 아들은 초등 6학년 때 학교 수학 경시대회에서 상을 받았다. 더불어 지역교육청 경시대회에 학교 대표를 선발하는 시험에도 응시했다. 그런데 어쩐 일인지 6~7번의 시험을 보게 되었다. 첫 시험 후 자기 성적이 제일 좋아 대표가 될 것이라고 기대했는데, 다음날 또 시험을 봤다고 했다. 그 과정을 반복한 날들이 지속되었고 마지막 시험 후에는 아이가 낙담한 얼굴로 와서 말했다. "엄마! 나를 떨어뜨리기 위해 계속 시험을 보게 했던 것 같아요. 뒤에 친 시험에서 나보다 성적이 잘 나온 아이를 대표로 한대요." 하며 억울해했다. 큰아들을 위로하며 네 실력은 어디 가는 것은 아니니 괜찮다고 달래 주었다. 지금도 그때 일은 나도 이해할 수 없다. 당시만 해도 초등학교는 치맛바람이 장난 아니었는데 내가 그것에 편승하지 않아 생긴 문제 같기도 했다. 1학기에 그런 일이 있고 난 후 2학기 때 영재교육원에 원서를 넣게 되었다. 큰아들 말로는 여러 명이 원서를 넣었는데 자기를 포함한 두 명만 합격했다고 한다. 그렇게 중학교 입학 후 지역교육청 영재교육원에 다녔고, 2학년 때도 경남교육청 소속 경남과학고에서 운영하는 영재교육원 수학반에 합격해 다녔다.

큰아들의 경험으로 영재교육원은 별도의 준비 없이 그냥 합격하는 게 당연한 줄 알았다. 그런데 작은아들이 2년 뒤 초등 6학년이 되었을 때 경남교육청, 창원교육청, 창원대학교 모두 불합격되었다. 난감했다. 1년 뒤 중학교 1학년 때 또 원서를 넣었는데 모두 불합격했다. 이때는 영재교육원 입학을 위한 영재교육 문제집도 한 권 풀었다. 초등학교 6학년 때 세 곳, 중학교 1학년 때 세 곳의 영재교육원에 원서를 넣었고 모두 불합격했다. 중학교 1학년, 마지막 경남대학교 영재교육원 한 곳만 남아 있는 상태였다. 또 원서를 넣어 달라고 작은아들이 말했다.

"이제 그만하면 안 될까? 자꾸 불합격되니 엄마 마음이 아프고 속상하네."
"엄마! 이제 내 차례일지 어떻게 알아요. 넣어 주세요."

아이가 원서를 넣자고 하니 말릴 수 없었다. 원서 접수 마지막 날 내 담당 수업을 마친 후 조퇴를 쓰고 1시간 걸려 경남대학교로 갔다. 영재교육원에 원서를 제출했고 결과는 다시 불합격이었다. 상처받았을까 걱정했는데 오히려 작은아들은 괜찮다고 했다. 중학교 2학년, 다시 영재교육원 원서 제출 기간이 되었을 때 이번에는 마지막 한 번 경남교육청 영재교육원에만 원서를 넣자고 했다. 3년째 여덟 번의 도전이었다. 지금까지 수학으로 도전했는데 이번은 과학 분야로 넣어보자고 했다. 작은아들 말대로 했고 드디어 7전 8기의 끈질김으로 소원하던 영재교육원에 당당히 합격할 수 있었다. 경상남도교육청 영재교육원을 운영하던 경남과학고로 매주 토요일 통학버스를 1시간씩 타고 열심히 다녔다. 이미 큰아들이 경남과학고에 다니고 있었기에 작은아들은 좋아하는 형을 보러 가는 의미도 있었다. 자기가 그렇게 원하던 영재원에서 적극적으로 교육활동에 참여하며 학습하는 모습을 보였다.

큰아들의 성과를 보며 당연히 마음만 먹으면 성취할 수 있다고 생각했던 것들이 작은아들을 통해 쉬운 일이 아니었다는 것을 새삼 깨달았다. 큰아들도 최선의 노력을 다함으로써 성취할 수 있었을 거라는 마음이 들었다. 작은아들은 최선의 노력과 함께 꺾이지 않는 마음이 더해져 성취했다고 생각한다. 항상 포기하지 않고 자기가 할 수 있는 최선을 다하며 노력하는 작은아들의 모습에 안타까움과 대견한 마음이 교차하는 것은 어쩔 수 없었다.

스스로 찾아가는 학습법!

자기주도학습 방법

큰아들의 과학고 진학은 아들과 함께 망설이지 않고 결정했다. 초등학교까지는 본격적인 학습을 하지 않았고 아이의 배경지식을 넓히며 학습을 위한 입문 과정 정도의 활동을 위주로 했다. 그래서 다양한 분야의 책 읽기와 전국 여러 지역으로의 여행, 학습 외 경험할 수 있는 체험 등 아이들이 하고 싶은 활동을 많이 하며 지냈다. 그래서 초등학교 성적은 수학을 제외한 다른 교과에서 제대로 된 점수를 받아본 적이 없었다. 그래도 우리가 두 아들의 학습 문제를 걱정하지 않았던 이유는 다양하고 즐거운 체험 위주의 활동이 아이들 성장에 충분히 긍정적 영향을 준다는 생각이 강했기 때문이다. 더불어 이런 활동으로 성취 경험을 많이 해왔기에 아이들이 가지게 될 성취욕에 대한 믿음도 있었다.

두 아들이 초등학생이었던 시절 한 번도 성적을 문제 삼지 않았다. 그런데 우리가 말하지 않아도 큰아들은 잘 하고 싶은 마음이 강했던 것 같다. 5학년이던 큰아들이 자기 성적을 자랑하며 92.5점으로 학급에서 3등이라고 했다. 그래서 잘했다고 칭찬해 주고 같이 기분 좋아해 주었는데, 다음 날 큰아들과 같은 반이던 아파트 같은 라인에 사는 아이를 만나기 전까지는 몰랐다. 같은 반 친구였던 그 아이는 이번 시험에서 자기 반 아이들의 성적에 대하여 온갖 이야기를 다 해주었다. 그 아이가 하는 말을 듣고서 90점 이상이 몇 명인지 누가 그 성적인지 상세히 알게 되었다. 안타깝게도 큰아들은 그 속에 없었다. 성적으로 야단을 쳐 본적도 성적을 잘 받아오라고 요구한 적도 없는데 아이가 왜 거짓말을 했는지 궁금했다. 태권도 학원을 다녀온 큰아들에게 저녁 식사 후 물었다.

"진홍아! 너 진짜 시험점수가 몇 점이니?" 아이는 왜 물어보는지 생각하며 약간 곤란해하는 표정을 지었다.

"오늘 우연히 네 반 친구를 만났는데 그 아이가 너희 반 친구들 성적을 엄마한테 다 말해 주던데. 어제 네가 말한 성적이 아니더라."라고 말했다.

아이는 난감한 표정을 지으며 사실은 86점이라고 했다. 엄마가 성적으로 혼내지도 않는데 왜 거짓말을 했냐고 했다. 거짓말하는 게 더 나쁘다며 나무랐다. 성적이 좋지 않으면 다음에 잘하면 되고 열심히 하는 모습을 엄마가 보고 있으니 그게 더 중요하다고 말해 주었다. 그런데 거짓말하는 건 엄마가 참 속상하다고도 했다. 아이는 그 말에 눈물을 흘리면서 "잘하고 싶었는데 성적을 알게 되었을 때 너무 실망스러웠어요. 엄마한테도 미안한 마음이 들어 점수와 등수 모두 거짓말하게 되었어요."라고 했다. 스스로 잘하고 싶고 부모에게도 인정받고 싶은 의욕이 넘치는 아이라 마음이 안타까웠다. 그래도 다시는 거짓말은 안 된다고 따끔하게 혼낸 후 열심히 하다 보면 어느 순간 성장하게 되는 게 공부라고 말해 주었다. 또한 결과에 너무 연연해하지 말고 알아가는 기쁨을 느끼라고 위로해 주었다. 거짓말을 잘 못하는 큰아들은 마음이 한결 가벼워진 듯했다. '자기도 거짓말하고 마음이 얼마나 불편했을까?' 하고 생각했다.

그 뒤 공부 방법에 대해 고민하는 모습을 보여 학습 방법을 조언해 주려니 스스로 찾아보겠다고 했다. 자기 스스로 해보고 안 되면 엄마 도움을 요청할 테니 기다려 달라고 말했다. 큰아들은 초등 6학년 때 담임 교사가 세 번이나 바뀌는 상황이 벌어졌다. 그런 이유로 학교 수업에서 제대로 배우지 못하니 학원 보내주기를 원했다. 나는 "초등학생이 무슨 학원, 공부는 스스로 하는 거야."라고 말하며 참고할 책을 사주고 보내지 않았다. 학습 방법에 시행착오를 겪으며 큰아들은 자기에게 맞는 방법을 찾아 목표를 성취해 갔다. 그 과정에서 중학교 1학년 때 창원교육지원청에서 운영하는 영재교육원에 다니게 되었으며, 5월에는 수학 올림피아드에도 참가했다. 물론 이때 참가한 수학 올림피아드에서는 한 문제밖에 풀지 못했다. 아이는 실망하지 않았고 다음을 기약하는 모습까지 보였다. 중학교 2학년 때부터 경남교육청에서 주최하는 수학 · 과학 경시대회에서 해마다 수상하며 자기 목표를 성취하는 대견한 모습으로 끊임없이 성장해 갔다.

그런 과정이 모여 결국 경남과학고로 진학하게 되었다. 큰아들이 과학고에 진학하려던 당시는 내신성적뿐 아니라 수학 · 과학 경시대회 실적을 비롯한 학교 외부에서의 수상 실적도 필요했다. 그것에 더해 입학시험도 따로 봐야 했으니 쉬운 일이 아니었다. 큰아들은 과학고 진학을 위해 중학교 3학년 봄부터 수학, 과학 전문학원의 도움을 10개월 정도 받았다. 아이는 자신이 필요한 부분을 파악하고 학원과 책 등을 선택해 가며 성실하게 준비함으로써 자기를 믿고 성취할 수 있었다.

공부는 자기가 하고 싶어서 해야만 효과적이다. 부모가 원해서 하는 것은 오래 가지 못한다. 공부란 자신의 인생을 준비한다는 의식을 아이에게 반드시 심어주어야 한다. 그래서 자기를 위해 공부한다는 생각이 되어야 제대로 한다. 학습 부분만 그런 것이 아니라 아이가 특기를 살려 특정한 분야에서 공부하는 것도 마찬가지다. 여기서 말하는 공부는 책 속의 공부, 몸으로 하는 공부, 기술을 익히는 공부 등 자기를 위해 학습하고 익히는 모든 활동이 포함된다. 부모를 위해 공부해 주겠다는 의식은 학습에 집중하며 발전해야 할 때 큰 문제가 될 수 있다.

학교에서 학생과 상담할 때 나는 안타까웠다. 자기를 위한 공부가 아니라 부모를 위해서 공부하는 학생이 참 많았다. 그래서 자기 성적이 오르면 부모가 그 대가를 주어야 한다며 요구하는 걸 당연하게 생각하는 학생도 있었다. 아이의 성장에 대하여 초조한 마음을 접어두고 느긋하게 믿고 기다려 주자. 아이 성장의 바탕은 다시 말하지만, 열 살 이전에 만들어 주고 믿으며 기다릴 수 있는 여유를 가지자. 그럴 수 있을 때 부모도 아이도 편하게 무럭무럭 성장할 수 있다.

공부는 스스로!

(자기주도학습 완성)

큰아들이 중학교에 입학하고 얼마 되지 않은 어느 주말이었다. 교복 와이셔츠를 세탁하기 위해 주머니를 뒤졌다. 작은 종이가 발견되었는데 여러 겹 접어놓은 상태였다. 뭔지 궁금해 펼쳐보니 여러 과목의 학습 내용이 깨알처럼 적혀 있었다. 영어단어도 보였고, 암기 과목 내용도 보였다. 외출에서 돌아온 아이에게 "이게 뭐냐?" 하고 물었다. 큰아들은 "아, 학교 등·하굣길에 잘 외워지지 않은 것을 적어서 보며 다닌 거예요."라고 말했다. 그렇게 하라고 알려준 적도 없는데 깜짝 놀랐다. 중학교에 갓 입학한 남학생이 스스로 공부하겠다며 저렇게 행동으로 옮길 수 있다는 게 내 아들이지만 신기했다. 그걸 보면서 나는 '아! 이 녀석은 앞으로 공부하면서 자기 인생을 만들어 가겠구나.'라고 느꼈다.

초등학생 때 수학을 제외한 어떤 교과도 제대로 학습한 것 없이 중학교에 입학했다. 그래서 큰아들은 학교에서 배우는 모든 교과 내용이 매일매일 신기했던 것 같았다. 큰아들은 하교 후 내가 퇴근해 오면 그때부터 쫓아다니며 그날 수업 시간에 배운 내용을 신나게 설명했다. 저녁 준비를 하며 주방에서 일하고 있으면 식탁에 앉아 열심히 말하고 있었다. 그러다 막히거나 헷갈리는 부분이 생기면 방으로 뛰어가 수업 내용을 확인 후 다시 돌아와 내게 설명했다. 나는 아이의 말 도중 필요할 때 장단만 잘 맞춰주면 되었다.

유아기부터 해왔던 책을 같이 보고, 사물이나 현상을 살피며 놀던 생활이 계속되는 느낌이었다. 블록과 그림으로 자기들의 세상에 대하여 끊임없이 나에게 말하던 놀이가 생각났다. 그렇게 생활했던 나와 아이의 놀이가 학습으로 연결되는 순간을 마주하게 되었다. 나는 아이들이 어릴 때 이야기를 들어주며 맞장구 쳐 주고 궁금한 것을 물어올 때 대답해 주었다. 대답할 수 없는 경우는 같이 찾아보며 궁금증을 해소하기도 했다. 아이들은 나와 같이 있는 동안 쉴 새 없이 생각을 말했다. 그러다 궁금한 것이 생기면 질문하고 내가 대답해 주면 호기심을 해소하던 모습 그대로 성장하며 이제는 자신의 지적 호기심을 학교 수업으로 해결했다.

우리가 아이들에게 자극을 주며 기다려 준 그 결과들이 나타나기 시작한 것이다. 아이가 스스로 선택한 것에 대하여 노력하고 성취하려는 내적 동기가 발생하면 그 욕구는 어떤 것도 대신할 수 없다. 중학교 1학년 첫 시험에서 전교 10등을 했다. 아는 것을 틀렸다며 억울해했는데 내심 적당한 성적을 받았다고 생각했다. 열심히 노력했지만, 성과가 너무 좋지 않아도 문제가 된다. 처음부터 너무 좋은 결과를 받아도 자만심이 생길 우려가 있었는데 적당히 의욕을 불태울 수 있는 정도의 성적이라 좋았다. 억울해하는 아이에게 "실수도 실력이다. 그래도 네가 열심히 해서 이런 결과가 나왔으니 축하한다. 노력한 보람이 있어 좋네. 아들! 잘했어."라고 위로와 칭찬을 건넸다. 큰아들은 스스로 자기의 급한 성격을 이해했고 차분해지려고 노력했다. 만약 내가 잔소리로 자극했다면 자기를 돌아보는 자세는 없었을 것이다. 받아들일 마음도 생기지 않았을 것이다. 자기 주도성이 강한 아이는 더욱 그럴 가능성이 크다.

우리 가족은 큰아들이 중학교 입학 후에도 거의 매주 산에 오르고 있었다. 심지어 시험 기간에도 갔다.

"엄마! 시험 기간인데 공부하게 해야 하는 거 아닌가요? 다른 엄마들은 시험 기간이면 아무것도 안 시키고 공부만 하게 한다는데…"라며 항변했다.
"야! 시험이란 평소 공부한 걸 얼마나 이해하고 있는가를 알아보는 거지. 시험을 위해서 공부하는 건 잘못된 일이야. 체력은 평생을 관리해야 하는 것이니 네가 앞으로 인생을 잘살아 가고 싶으면 따라와라."라고 답변했다.
"에이 그러면 기분 전환이나 해볼까." 하고 따라나섰다.

그렇게 중학교 1학년 1학기까지는 같이 산에 다녔다. 대신 시간 관리를 철저히 하며 공부하는 모습을 보였다. 시간에 대한 아쉬움을 느끼며 지금 하지 않으면 시간이 없다는 생각이 들어야 한다. 그럴 때 시간을 소중하게 다룰 수 있는 자세가 갖추어지고 관리를 잘할 수 있다. 1학기 2차 고사 전교 5등, 2학기 1차 고사 전교 3등, 2학기 2차 고사 전교 1등. 큰아들이 중학교 1학년 때 받은 성적이다. 큰아들의 학습 태도와 노력을 보면 점점 성장하는 것이 당연했다. 아이는 이미 과학고 진학을 목표로 하고 있었기에 학교에서 수업 태도는 반듯했다. 수업 시간에 지적 호기심을 충족하기 위해 스펀지처럼 빨아들이고 있었다. 1학년 2학기 1차 고사 기간 중이었던 어느 날 밤이었다. 12시경 우는 소리에 놀라 잠에서 깨 거실로 나왔다. 거실에서 큰아들이 엉엉 울고 있었다.

"왜? 진홍아! 무슨 일이야?"

"영어책 내용을 모두 외웠는데 하나도 기억나지 않아요."

"야! 내일 시험 때 다 생각날 테니 지금은 자라. 잠을 잘 자야 시험 때 생각도 잘 난단다. 걱정하지 말고 자라."

"엄마는 주무세요. 엄마가 시험 칠 거 아니잖아요. 제가 알아서 할게요."

"그래. 네가 알아서 하겠지만 지금 그러고 있으면 더 힘들어지니 빨리 정리하고 자자."라고 말하고 방으로 돌아왔다.

도서관처럼 되어 있는 거실에서 공부도 하고 책도 읽을 수 있는 구조였기에 잠귀가 밝았던 나는 아이 울음소리를 들었다. 다음 날 점심시간에 큰아들이 하교 후 전화를 해왔다. "엄마! 저 영어 100점 받았어요." 하고 전했다. 열심히 공부한 걸 칭찬하며 노력한 대가는 항상 나타난다고 말해 주었다. 두 아들은 수학, 과학 교과는 재능을 보인 대신 상대적으로 언어 쪽은 좀 약했다. 나는 큰아들이 국어가 계속 한두 문제씩 문장 구성에서 틀린다며 국어책 시험 범위를 모두 외워버렸다고 해서 깜짝 놀랐다. 나는 "국어를 외우는 놈이 어디 있냐? 그냥 읽으며 이해하고 자연스럽게 받아들이는 거지."라고 했다. 그 말에 큰아들은 "아니 한 번씩 단락 구성 문제가 헷갈려 그냥 계속 읽었더니 외워졌고 쉽게 풀렸어요." 하며 말했다. 얼마나 열심히 노력하는지 보여 교사로서도 부모로서도 감탄스러웠다. 큰아들의 공부법은 몇 번이고 읽어서 이해하는 방법을 택했다. 그리고 어느 정도 준비되었다 생각되면 문제를 풀어보고 점검했다. 점검 과정에서 놓친 부분이 있으면 다시 학습하는 방식이었다. 시험 준비는 수업 시간에 선생님이 강조해 설명하신 것을 바탕으로 어떻게 문제를 출제하실지 생각하며 한다고 했다. 그래서 선생님 입장이 되어 스스로 문제를 만들어 보며 공부했다. 아이는 시험에 관해 선생님과 자신의 눈치싸움이라고 말했다.

수학, 과학 분야는 많은 독서량이 기초가 되어 중학교 수업을 통해 지적 수준이 더욱 높아졌다. 큰아들은 중학교 1학년 때 고등학교 공통 과학 분야의 책을 구해 혼자 공부하기 시작했다. 책을 보고 아이는 이해되는 것과 이해하지 못하는 것을 정확하게 인지했다. 이해하지 못하는 부분을 고등학교에 근무하던 나에게 물리 선생님의 도움을 받아오기를 요청했다. 학원에 다니지 않으니 답답했을 거라는 생각이 들었다. 한두 번은 동료 선생님을 통해 해결할 수 있겠지만 계속 그럴 수 없는 노릇이었다. 우리는 앞으로 어떻게 해야 할지 같이 의논할 필요를 느꼈다. 그래도 혼자 책을 찾아보며 학습하는 과정은 매우 중요하다고 생각되었다. 아이가 요구하지 않으면 학원 보내는 것은 고려하지 않기로 했다. 그냥 좀 천천히 가는 길을 택했다. 아직 중학교 1학년이므로 모두 이해하는 것보다 궁금한 것을 해결하기 위해 노력하며 문제해결 능력을 키우는 것이 더 필요하다고 생각했다.

아이의 자기주도학습 능력은 어릴 때 시작되는 습관에서 비롯된다. 부모는 아이가 스스로 놀이에 즐거운 마음으로 참여하고 놀이에 몰입할 수 있게 만들자. 호기심이 생길 때 적극적으로 아이의 호기심을 자극하고 해결하는 활동에 부모는 진심으로 함께 하자. 자신의 아이에게 잔소리하지 않고 공부하게 만드는 지름길이다.

⑤

내년에는 꼭 상 받을 거예요

(자기 다짐)

'해법 수학 경시대회' 플래카드를 보고 큰아들의 실력이 어느 정도인지 알아보고 싶은 마음이 들었다. 초등 5학년이던 큰아들과 의논 후 우리 아파트 단지에 있던 해법 수학 학원에 다녀보기로 했다. 그 당시 수학 경시대회에 대한 상식이 없었기에 해법 수학을 다니는 아이들만 신청할 수 있는 줄 알았다. 나도 참으로 순진했다. 후에 다니지 않아도 출전할 수 있다는 사실을 알고 헛웃음이 나왔다. 학원에 다닌 지 일주일 정도 되었을 때 큰아들은 학원에서 하는 수학이 재미없다고 했다. 선생님 실력도 못 믿겠고 나와 함께 수학 공부를 하는 게 훨씬 재미있다고 말했다. 왜 선생님을 믿지 못하냐고 물었다. 큰아들은 문제를 푼 뒤 검사해 주시라고 하면 답안지를 보고 채점만 한다고 했다. 그래서 선생님 실력이 의심스럽다고 했고 나름대로 이유 있는 생각이었다.

나와 학습할 때는 서로의 풀이를 비교했다. 어떤 생각으로 그 방법을 선택하게 되었는지 설명하며 토론하고 이해하는 과정을 거쳤다. 그런 활동으로 창의적인 풀이 방법을 알아가며 더 합리적인 방법이 무엇인지도 찾아갔다. 답안지를 보고 정답인지 오답인지 만 확인하는 것은 재미가 없었을 것이다. 아이와 의논한 결과 한 달만 다니며 해법 수학 경시대회에 출전하고 다니지 않기로 했다. 곧 경시대회가 있었고 창원대회에서 은상을, 경남 지역대회에서 금상을 받게 되어 전국대회에 출전하게 되었다. 그래서 어떻게 해야 하나 고민하던 중 학원을 다녀온 아이가 "엄마! 이번 선생님은 좀 달라요."라고 했다. 나는 "뭐가 다른데?" 하고 물었다. 자기가 푼 문제들의 풀이 과정을 살피며 직접 채점을 해주신다고 했다. 그리고 수학 원리도 재미있게 가르쳐 주신다며 좋아했다. 새로운 선생님을 만난 지 일주일쯤 된 시기에 아이가 그렇게 말했다. 그 말을 듣고 학원으로 선생님을 만나러 갔다. 선생님과 상담한 후 이번 달만 다니려고 했는데 선생님이 계시면 아이가 계속 다니고 싶어 한다고 했다. 그런데 3개월 정도 지난 후 선생님으로부터 전화를 받았다.

"진홍이 어머니! 제가 교통사고로 입원했는데 퇴원하더라도 그 학원에는 안 갑니다. 다른 분은 몰라도 진홍이 어머니께는 말씀드려야 할 듯해서요. 진홍이가 저 땜에 계속 다니겠다고 해서 마음이 쓰이네요."

"아! 많이 다치셨어요? 그리고 학원에서 무슨 문제가 있었나요?"

"아니요. 많이 다치지는 않았고, 원래 제가 고등학생 과외를 했었어요. 그러다 중·고등학생 대상 학원을 해보려고 준비하면서 잠시 학원강사를 하는 중이었어요. 그런데 교통사고로 인해 모든 게 중단되었네요."

"아, 그렇구나? 어떻게 해요."

"좀 괜찮아지면 그냥 원래 하던 중·고등학생 대상 과외를 다시 하려고 해요."

"그러면 그때 진홍이도 데려가시면 안 돼요?"

"제가 그 학원을 그만두는 이유가 초등학생은 재미가 없어서 못 하겠더라고요. 진홍이라면 욕심나기는 한 데 1:1 과외는 비용이 좀 세요. 2~3명 정도 실력이 비슷한 친구들로 구성해 주시면 괜찮을 듯한데 진홍이와 실력이 맞는 아이 구하기가 쉽지 않을 것 같아요."

"제가 직장을 다니는 관계로 그런 정보가 없어요. 집에서 우리 아이들하고만 공부했거든요. 선생님께서 좀 찾아봐 주시면 안 될까요? 무리한 부탁일까요?"

"그러면 진홍이가 저도 너무 탐이 나니 일단 혼자지만 그룹 과외비로 해서 맡아볼게요. 퇴원하게 되면 다시 연락드리겠습니다."

이렇게 만난 수학 과외 선생님과의 인연은 1년 정도 이어졌다. 중학교 1학년이 되면서 아이가 이제는 그냥 혼자 해도 충분히 할 수 있겠다고 말해서였다. 선생님도 진홍이라면 지금부터 혼자 해도 충분히 해 나갈 수 있다는 말씀을 해주셨다. 나도 아이를 믿었다. 이후 내가 믿는 만큼 아이는 자기의 생활 태도와 학습 등 모든 걸 스스로 계획하고 실천하는 든든한 모습을 보여주었다.

큰아들은 초등 5학년 2학기 이후부터 각종 수학 경시대회에 참가하기 시작했다. 대회에서 자신의 실력을 인정받기 위해 더욱 노력하는 모습을 보였다. 각 대회에서 수상하며 계속 자신만의 성취를 이루어 갔다. 그리고 중학교 1학년 때 수학 올림피아드에 출전하겠다며 원서를 제출했다. 부산대학교에서 수학 올림피아드가 실시되었다. 우리는 창원에서 가족 여행하듯 부산으로 이동했다. 일찍 출발했는데도 사고로 인하여 차가 엄청나게 밀렸다. 당연히 우리는 입실 시간에 도착하지 못했고 30분 정도 지각했다. 우리만 그런 상황이 아니어서 늦었어도 모두 입실 시켜주었다. 4시간 동안 우리 부부와 작은아들은 대기해야 했으므로 짧은 시간이 아니었다. 중간에 포기하고 나오는 아이들도 제법 많았다. 드디어 시험종료 벨이 울렸고 큰아들도 나왔다.

"엄마, 아빠! 하~ 진짜 어떻게 풀어야 할지 몰라 난감했어요. 정말 어려웠어요. 그래도 모든 문제를 풀어보려고 시도했고 풀이와 답을 뭐든 다 적었어요. 맞는 건 없겠지만요. 아! 한 문제는 맞을 거예요. 그 한 문제는 하나하나 진짜 무식하게 열심히 풀었거든요. 하하. 어쨌든 올해는 한 문제지만 내년에는 꼭 상 받을 실력을 만들 거예요."

"와! 너 대단하다. 다른 애들은 일찌감치 포기하고 중간에 많이 나오던데. 너는 모르는 문제를 붙들고 모두 풀어보기 위해 시도했다니 정말 대단하다."

"엄마! 뭐든 시도는 해봐야 하지 않겠어요. 시간도 많은데."

"마음이 실망스럽지는 않았니?"

"아무나 풀 수 없는 문제들이니 그런 마음은 없었어요. 좀 더 깊이 있는 공부를 해야겠다고 생각했을 뿐이에요."

우리 부부가 의도하고 교육하려는 방향대로 잘 성장하고 있는 아이를 보며 정말 흐뭇했다. 도전이 있으면 실패가 따르고 그 실패를 넘어서면 성공으로 이어진다. 우리 인생이 그렇게 만들어진다. 스스로 내적 동기로 성장하는 아이는 실패를 두려워하지 않는다. 그런 아이는 누구도 말릴 수 없다. 성공으로 가는 길만 보고 노력하는 마음만이 있음을 새삼 또 깨닫는 시간이었다.

⑥

저도 그 반에서 할래요

(경쟁과 자신감)

중학교 2학년 초까지 혼자 학습하다 4월이 되면서 수학 올림피아드에 참가하고 싶다고 말했다. 그 시험 준비는 혼자 하기 힘드니 수학 전문학원에 등록해 주기를 원했다. "엄마는 어떤 학원이 있는지 잘 모르니 네가 찾아보고 가고 싶은 학원을 골라봐. 그러면 엄마도 그 학원 상황을 알아보고 괜찮으면 다녀보자."라고 나는 말했다. 며칠 후 자신이 알아본 학원 세 곳을 내게 말해 주었다. 각 학원에 전화를 걸었고 그중 마음에 드는 한 곳을 선택했다. 그 학원에서 테스트받아 보기를 결정하고 아이와 같이 갔다.

알아보니 수학, 과학 전문학원으로 이미 창원에서 이름이 난 곳이었다. 큰아들이 자기 수준에 맞는 수학반에 들어가기 위해 테스트를 받았다. 한참 시간이 지난 후 테스트는 끝났고 아이의 수학 수준은 높은 편이었다. 그 학원의 영재반에 들어갈 수 있는 수준이라고 한다. 영재 A반은 이미 수학 정석 과정이 모두 끝나는 시점이고 영재 B반은 아들이 들어가도 괜찮다고 했다. 그래서 학원에서는 영재 B반에서 공부하다 다음번 반 편성 때 영재 A반에서 하자고 했다. 아이는 대뜸 우주는 어느 반에 있냐고 물었다. 자기가 찾는 아이가 영재 A반에 있다는 소리를 듣고 무조건 그 반에 들어가겠다고 우겼다. 부원장님의 설득이 한참 이어졌다. 나도 시간이 늦어 배가 고프니 그렇게 결정하고 저녁 먹으러 가자고 했다. 퇴근 후 바로 학원에서 테스트하고 상담받다 보니 한참 늦은 시간에 저녁을 먹게 되었다. 학원 근처 식당에서 식사하면서 아이에게 물었다.

"아까 네가 말한 친구는 같은 학교도 아닌데 어떻게 아는 거니? 그리고 왜 그 아이 반에 가려고 하지?"

"엄마! 작년에 수학 올림피아드 참가했을 때 저는 한 문제밖에 못 풀었잖아요. 그런데 걔는 장려상을 받은 아이예요. 그래서 그 아이와 같은 반에서 공부하고 싶어요. 나 저녁 먹고 다시 학원 가서 그 반에 넣어달라고 해야겠어요."

"아니 그 반은 이미 선행이 많이 되어 있다고 했잖아. 너하고는 수준 차이가 날 텐데 그냥 배정받은 반에서 하지. 실력을 쌓아 다시 반 편성할 때 가는 게 좋지 않을까?"

"어떻게든 내가 따라갈 자신이 있으니 그 반에 들어갈래요."

큰아들은 자기가 마음먹으면 그대로 하는 아이라 말릴 수 없다. 식사 후 다시 학원을 찾았고 부원장님과 아이는 한참 이야기했다. 영재 B반도 실력 좋은 친구들이 있으니 그 반에서 공부하자며 아이를 달랬다. 한 달 뒤 다시 반 편성할 때 꼭 영재 A반에 넣어 주겠다는 확답을 받고 집으로 돌아왔다.

큰아들이 고집부릴 때 가끔 난감한 적이 있다. 항상 자기가 계획하고 실천하며 성취하려는 성향이 강한 아이였다. 그런 성향이어서 나는 간섭하는 일이 거의 없었다. 무슨 일이든 옆에서 지지해 주고 격려하며 지켜봐 주었다. 그러다 보니 가끔 자기가 하고자 하는 것에 집요한 태도를 보였다. 논리적으로 이해되지 않으면 자기 의견을 끝까지 고수한다. 그런 고집 때문에 한 번씩 주의를 주고 있었다. 그날도 그런 아이의 성향이 그대로 드러나 부원장님을 난감하게 만들었다.

어쨌든 처음으로 수학 전문학원에 다녔고 창원시에서 좀 한다는 친구들은 다 모인 듯했다. 각 중학교에서 최상위권에 있는 아이들이 모여 있었다. 그 아이들은 선의의 경쟁과 함께 공부하면서 서로 도움을 주고받는 모습이었다. 가장 좋은 학습은 비슷한 수준의 친구들끼리 하는 것이다. 선의의 경쟁을 하면서 문제해결을 위해 의논하며 서로의 실력을 쌓아가는 것이 최고의 학습이 된다. 그때 만난 친구 중 몇 명은 경남과학고로 같이 진학하며 평생 친구로 남아 있다.

⑦

형은 되고 왜 나는 안 돼요?

(자기 선택의 힘)

큰아들은 중학생이 되면서 공부하겠다는 마음을 먹었다. 자신이 원하는 과학고를 목표로 열심히 준비하며 노력했다. 우리도 큰아들을 지켜보며 응원하고 격려했다. 큰아들은 중학교 교육과정을 충실하게 수행하며 받아들였다. 더불어 심화 과정도 스스로 해가며 무난하게 경남과학고에 합격했다. 경남과학고에 입학하면서 기숙사 생활을 했다. 창원의 우리 집에서 학교까지 고속도로를 달려 1시간 정도의 거리다. 주변에는 산과 들판뿐이었고 학교만 덩그러니 있는 곳이다. 학교에서 한 달에 한 번 집으로 왔다. 학교생활은 어떻게 하는지 알 수 없었다. 그냥 잘하고 있을 거라는 믿음만이 있었다. 기숙사 생활을 위해 물건을 준비하고 떠나보내기 전 아이에게 당부했다.

"너무 이른 나이에 부모를 떠나게 되었네. 이제 모든 걸 너 스스로 판단하고 해결해야 해 항상 어떤 것이 옳은 선택이 되는지 생각하고 판단해라. 또한 이제부터 과학을 공부하고 그쪽에서 미래를 찾아야 할 거야. 과학 쪽 학문을 하게 되면 선택의 기준을 반드시 정하고 판단 해야 할 상황이 생길 거야. 너의 원칙에 맞는 선택을 했으면 좋겠다. 우리는 부모로서 네가 판단의 기준을 세울 때 첫째는 사람을 위한 것인지, 둘째는 국가를 위한 것인지, 셋째는 너 개인을 위한 것인지 이런 순서가 되기를 원한다."

"알겠습니다."

"그리고 일주일에 한 번은 너의 근황을 꼭 알려주어 우리가 알 수 있도록 해 다오. 엄마, 아빠가 할아버지와 외할아버지 댁에 안부 전화하듯이 너도 당연히 그렇게 해야 한다."

"네"

"마지막으로 그런 일은 없겠지만 항상 네 몸 관리 잘해라. 남녀공학인 만큼 성적인 문제도 잘 관리해야 해. 네 몸을 소중히 해서 진심으로 사랑하는 사람을 만났을 때 부끄럽지 않은 사람으로 살기를 권한다. 아들! 잘할 수 있지?"라고 당부하며 성교육까지 시켜 보냈다.

미래에 대한 희망을 한껏 품고서 기숙사 생활이 시작되었고, 우리는 생각보다 쉽지 않은 2년을 보냈다. 퇴근 후 아들이 갑자기 필요한 물건을 부탁하는 경우가 종종 있었다. 밤에 고속도로를 달려 전달해 주고 오는 날이면 지치고 힘들었다. 학교에서 교사로서의 생활은 만만찮은 체력과 정신노동을 요구한다. 전날 밤 그렇게 다녀오면 아주 피곤했다. 그렇다고 나의 학교생활을 대충할 수는 없었다. 학교에서는 부장 교사로서 역할도 하고 있었기 때문에 좀 더 부지런해야만 했다.

그런데 중학생이 된 작은아들도 형처럼 경남과학고로 진학하겠다고 했다. 큰아들이 과학고 진학을 위해 준비하는 모습을 지켜봤었다. 과학고 진학 후에도 좋은 성적을 받기 위해 정말 열심히 노력하는 과정이 보여 마음이 안쓰러웠다. 그런 생활 속에서 받게 되는 스트레스는 내가 생각했던 이상적인 과학고 생활과는 차이가 있었다. 여러 가지 이유로 작은아들에게는 과학고 진학을 고려해 보자고 했다.

"그냥 일반고로 진학해서 한번 사는 인생 좀 천천히 여유롭게 살면 안 될까?" 하고 나는 설득했다.

"엄마! 왜 형은 되고 나는 안 돼요?"라고 말하며 작은아들은 서운한 표정을 지었다.

작은아들은 중학교에서 형만큼의 성적을 잘 받지 못하고 있었기 때문에 걱정이 앞섰다. 그보다 더 큰 이유는 큰아들은 강하고 적극적이어서 그런 경쟁 속에서 견딜 힘이 있다고 생각했다. 반면 작은아들은 말이 별로 없고 자기 생각을 적극적으로 주장하지도 않았다. 더욱이 여리고 온순한 아이였기 때문에 극심한 경쟁 속에 놓고 싶지 않았다. 그 속에서 받을 상처가 걱정되었기 때문이었다. 그런 내 마음과 달리 작은아들이 그렇게 말해서 당황했다. 작은아들에게 나는 진심으로 이야기했다.

"아니 형은 되고 너는 안 되는 게 아니라 너는 형이 치열하게 공부하는 게 힘들어 보이지 않았니? 엄마는 굳이 그렇게 살아야 하나 싶어서 하는 말이지."

"저도 할 수 있으니, 과학고에 진학하고 싶어요."

"네가 진짜 원한다면 그렇게 해도 되는데 대신 경남과학고 말고 창원과학고로 가자. 경남과학고는 엄마, 아빠도 한 번 다녀오기가 쉽지 않네." 하고 말했다. 작은아들은 자기도 경남과학고로 가고 싶지만 그렇게 하겠다고 했다.

창원과학고는 우리 집에서 10분 거리에 있는 학교로 작은아들이 진학할 때는 개교 2년째 드는 학교였다. 작은아들도 입학 후 기숙사 생활을 하면서 2주에 한 번 귀가 했다. 얼마 지나지 않아 매주 귀가하는 것으로 바꾸었다. 그래서 작은아들은 큰아들과 다르게 기숙사 생활을 해도 집을 떠나 있는 느낌이 덜 했다. 형제를 동문으로 만들어 주지는 못했지만, 장점도 있었다. 작은아들이 고등학교에 입학할 때 큰아들은 이미 대학으로 진학해서 어차피 같은 학교에 있을 수 없었다. 작은아들의 학교가 집에서 가까워 우리와 아이가 편하게 생활할 수 있어 좋았다.

과학고로 진로를 결정한 작은아들은 중학교 3학년이 되자 자기도 과학고 준비를 위해 학원에 등록해 달라고 부탁했다. 그렇게 처음으로 입시 준비를 위해 3월부터 12월까지 수학, 과학 전문학원에서 수강했다. 작은아들은 정말 열심히 공부해 우리가 원하던 창원과학고에 입학했다.

짜장면 한 그릇의 힘!

（성취 욕구）

작은아들의 성향은 겉으로 보기에 항상 느리게 성장하는 듯했다. 하지만 내적으로는 언제나 쑥쑥 성장하고 있는 것을 나는 느꼈다. 남들 눈에는 보이지 않을지 몰라도 우리에게는 보였고, 그래서 믿고 기다릴 힘이 생겼다.

초등 3학년 때 학교 시험에서 과학 성적을 44점 받아온 적이 있다. 물론 다른 교과도 좋은 점수는 아니었다. 과학 성적을 보고 문제가 될 수 있다는 생각으로 시험지를 보자고 했다. 틀린 문제에 대한 아이의 생각을 알고 싶어서 왜 그렇게 답을 했는지 웃는 얼굴로 부드럽고 가볍게 물었다. 아이는 엄마가 자신을 믿고 지지한다는 사실을 평소 잘 알고 있으므로 해맑게 대답했다. 아이의 설명을 들으면서 웃지 않을 수 없었다. 나름대로 생각이 있었다. 아이가 생각하는 게 오답이었지만 타당해 보이는 면도 있음을 알았다. 관점을 어떻게 보느냐에 따라 충분히 아이의 생각이 답으로 오해할 수 있었기 때문이었다. 작은아들은 상황을 일반적으로 보지 않고 약간 독특한 생각으로 바라보았다. 아직 어려서인지 전체가 아닌 부분을 보고 판단하는 경향도 있어 아이가 그렇게 답했다고 생각되었다. 나는 공감하는 부분을 인정해 주었다. 그리고 작은아들과 함께 정확한 정보를 책에서 찾아보았다. 정확한 정보와 문제에서 오해하게 된 부분을 비교하며 서로 얘기하는 시간을 보냈다. 작은아들은 자신이 어떻게 오해하게 되었는지 이해했다. 다음번에는 잘해 보겠다고 자기에게 다짐하는 모습을 보였다. 국어 또한 68점을 받았다. 역시 아이의 생각이 독특해 자기 나름대로 해석하고 답했던 것이 이유였다. 나는 아이 생각을 들으면서 재미있었고 크게 우려할 문제가 아니라고 판단했다. 작은아들이 자라면서 생각이 성숙해지면 일반적으로 사고할 수 있는 부분이었다. 어느 시점이 되면 큰 문제가 되지 않을 거라는 확신이 생겼다. 작은아들은 평소 책을 읽고 내용을 받아들일 때 우리가 생각지도 못하는 날카로운 질문으로 놀라게 하는 경우가 있었다. 일반적이지 않은 생각을 오히려 잘 발전시키면 좋은 방향으로 성장하게 된다. 그런 생각이 기초가 되어 훨씬 창의적인 사고를 하는 계기가 됨을 알고 믿고 기다려 주면 되었다.

다음 시험에 과학 44점이 두 배 발전한 88점이 되었다. 국어도 68점에서 80점대를 받고 우리에게 얼마나 자랑했는지 모른다. 스스로 느끼는 성취의 경험은 돈을 주고도 살 수 없다. 작은아들의 가슴에는 그렇게 한 단계의 자존감을 높여갔다. 작은아들은 초등학생 때 수학을 제외한 모든 교과가 평균 정도라 성적이 학급에서 중간 정도였다. 그래도 나는 학습을 요구하지 않았다. 아이는 스스로 느끼고 노력하는 과정을 통해 목표를 성취함으로써 항상 자신감만큼은 넘쳤다.

중학생이 된 작은아들은 형이 중학교에서 이뤄낸 성취를 보며 자기도 성실한 태도로 공부하며 성취하겠다는 의지를 보였다. 큰아들은 우리 집 근처 중학교에 1지망을 했다. 당시 창원지역에서 제법 성적이 우수한 학교로 알려진 곳이었다. 다행히 추첨을 통해 원하던 학교로 배정받아 다녔다. 작은아들도 같은 학교에 1지망을 했지만 떨어지고 2지망 학교에 입학했다. 우리 집에서 동쪽은 큰아들 학교였고, 서쪽은 작은아들 학교였다. 작은아들이 다닌 학교는 큰아들의 학교에 비해 규모가 좀 작았다. 성적 수준도 약간 낮은 편이었다. 우리는 두 아들이 같은 학교에 다니길 원했지만, 오히려 작은아들에게는 잘된 일이었다. 그 학교는 작은아들에게 성취감을 느낄 기회를 줄 수 있다는 생각이 들어 괜찮았다.

우리 예상대로 작은아들이 중학교 첫 시험에서 우수한 성적을 받았다. 전교 16등, 초등학교를 생각하면 받을 수 없는 훌륭한 성적이었다. 그것만으로도 정말 뿌듯한 감정으로 아이의 자존감이 치솟기에 충분했다. 그런데 그 학교 교장선생님께서 작은아들의 가슴에 뜨거운 불씨를 심어주셨다. 교장실에 전교 20등까지의 학생들을 불러 첫 시험에 관한 칭찬을 하셨다고 한다. 열심히 준비해 잘했다며 격려와 축하의 의미로 짜장면도 사주셨다고 했다. 그날 하교 후 퇴근한 나에게 정말 기분 좋아하며 자랑했다. 작은아들은 자세하게 교장실에서의 특별한 경험을 전하며 마지막으로 한마디 덧붙였다.

"엄마! 저 다음에도 짜장면 먹을 거예요."

"그래. 열심히 해 봐. 네가 마음만 먹으면 다 할 수 있을 거야." 하고 나도 응원을 보냈다.

이렇게 아이의 가슴에 교장선생님 의도가 스며들게 되었고, 의미 있는 그 '짜장면 한 그릇의 힘'은 대단했다. 그래서 다음 시험에서는 어떻게 되었을까 궁금할 것이다. 물론 성적은 더 올랐으나 짜장면은 먹지 못했다. 왜냐하면 2차 고사 때는 1차 고사보다 점수와 등수가 많이 발전한 학생들을 선발해 짜장면을 사주셨다고 아이가 말했다. 그래서 실망스럽지 않냐고 물었다. 어차피 아이는 점수나 등수를 많이 올릴 위치가 아니었고 자기 성적이 더 올라 기분 좋다고 했다. 내면이 튼튼하게 성장하고 있는 아이라 외부적인 영향에 흔들리지 않을 거라고는 생각했지만 대견스러웠다.

작은아들이 다니던 그 중학교의 교장선생님 또한 아이들의 성취욕을 자극해 주시기 위해 많은 생각과 노력을 하시는 분이라고 여겼다. 우리 아이에게도 그 학교 학생들에게도 정말 감사한 분이다. 15년 넘는 세월이 지났지만, 아이들을 자극하기 위해 교육적 방법을 찾고 실천하셨던 교장선생님을 지금도 감사하게 생각한다. 그분은 같은 교육자로서 좋은 본보기가 되어주셨다. 나에게 교사로서 학생을 더 효과적으로 교육하는 방법을 계속 생각하도록 만들었다.

다 망쳤어!

실패와 성공

점심 식사 후 휴식을 취하던 중 전화를 받았다. 학교 시험 기간 중이었던 작은아들이었다. 작은아들은 수화기를 붙들고 꺼이꺼이 울고 있었다. 나는 너무 놀라 무슨 일이냐고 물었다.

"다 망쳤어요. 수학, 과학에서 틀리면 안 되는데 두 과목 모두 망쳤어요."
"아! 그렇구나. 어쩌냐? 네가 실망이 크겠네. 그런데 괜찮아. 이번 한 번 시험에 결정되는 것도 아니고, 설령 과고 못 가면 어때. 너무 실망하지 말고 일단 씻고 좀 쉬어라. 좀 자고 나면 나아질 거야." 하고 아이를 다독거렸다.

오후 일과를 보내고 퇴근 시간이 되자 곧바로 집으로 달려갔다. 창원에서 가끔 성적 비관으로 아파트에서 아이가 뛰어내리는 사건이 생기고 있어 더 조바심이 났다. 물론 그런 행동을 하지 않을 거라는 믿음은 있었다. 그 믿음과 달리 어쩔 수 없는 부모 마음이라 빨리 아들을 봐야 했다. 집에 도착해서 바로 작은아들을 안아주었다. 걱정하지 말라며 위로하려는데, 오히려 아이는 아까의 감정을 모두 누그러뜨리고 자기 공부를 하고 있었다. 괜히 나 혼자 지나친 걱정을 한 셈이었다. 작은아들은 중학교 입학 후 본격적으로 공부를 시작했다. 매일 하교 후 그날 수업 시간에 학습한 내용을 노트에 꼼꼼하게 적어가며 정리했다. 그 과정을 거치며 복습했고 아주 성실하게 공부하는 모습을 보였다. 책에는 수업 중 말씀하신 선생님의 설명을 깨알같이 적어 놓았다. 아이는 자기가 적어 놓은 내용을 정리하면서 자기만의 학습 방법을 만들어 갔다. 지나치게 성실하고 꼼꼼한 성향이라 학습 내용이 너무 많았다. 그래도 그런 과정을 통해 자기의 학습 방법을 찾아가는 게 좋다고 생각해 격려했다. 시험을 치르면서 중요한 내용과 그렇지 않은 내용을 구분할 수 있을 것으로 생각했다. 자신만의 방법으로 공부하다 보면 학습력을 키워 본인 스스로 판단하는 힘이 생길 수 있다고 믿었다. 그 믿음은 시간이 지나면서 나타났다. 자기 학습 방법을 찾아가면서 성적도 최상위권으로 점점 올라갔다.

중학교 2학년이 되었을 때 항상 전교 1등 하는 친구를 같은 학급에서 만났다. 그 전교 1등 친구도 대단한 아이였다. 가정 형편이 좋지 않았고 누나가 세 명 있었다. 이 친구도 학원에 다니지 않고 스스로 학습하는 아이였다. 누나들 또한 각 학교에서 최상위권의 성적을 유지하고 있었다. 친구의 어머니를 뵌 적이 있는데 정말 성실하게 생활하시는 분이었다. 친구 아버지는 투병 중이셔서 친구 어머니의 경제활동으로 가정생활을 유지하는 힘든 상황이었다. 그럼에도 어머니와 친구의 태도는 아주 반듯하고 당당해 보였다. 자기에 대한 강한 믿음을 바탕으로 자존감이 높아 보여 보기 좋았다. 작은아들 친구는 자기의 결핍을 부끄러워하지도 않았고 그 결핍이 성장 동력으로 작용하는 듯 보였다. 참 좋은 모자를 만났다는 기분이 들었다. 친구 덕분에 작은아들은 학급에서 만년 2등이 되었고 전교 석차 또한 그랬다. 중학교 2학년 1학기 2차 고사가 끝난 후 우리는 이사로 인해 다른 학교로 전학했다. 아쉽게도 아들과 친구는 헤어지게 되었다. 그 후 그 아이의 소식을 전해 들었는데 예상대로 훌륭하게 성장해 잘 지내고 있었다.

중학교 2학년 1학기를 마무리할 즈음 전학한 학교에서는 그다음 주부터 2차 고사가 실시되었다. 작은아들은 전출한 학교와 전입한 학교의 교육과정이 달라 배우는 교과에 차이가 있었다. 또 전입 전 학교의 성적 처리가 모두 끝난 상태라 시험에 참여할 필요가 없었다. 그래도 아들은 전입한 학교에서 자기 위치를 알고 싶다며 시험에 참가했다. 시험에 참여한 작은아들은 수학을 그 학교에서 유일하게 만점 받았다고 좋아했다. 어차피 만점 받은 그 성적은 산출되지도 않을 것이고 사용할 수도 없었다. 아들은 수학을 만점 받았다는 자체로 성취감을 느끼며 기분 좋아했다. 그런데 정말 중요한 3학년 1학기 수학, 과학에서 자기가 원하는 성적을 받을 수 없었으니 서럽고 속상했을 것이다. 시간이 흐르고 창원과학고에 입학한 뒤 아이에게 말했다.

"그때 전화해서 울며불며 야단치는 바람에 엄마는 네가 아파트에서 뛰어내리는 줄 알고 미치는 줄 알았다."

"에이, 설마. 엄마가 형이 시험공부 중 울었다고 해서 저도 한번 해봤어요. 그리고 나는 과학고 갈 수 있다고 믿고 있었지."라고 말해서 어이가 없어 웃고 말았다.

스스로 하는 아이는 실패해도 좌절하지 않는다. 이런 아이는 실패는 성공으로 가는 길이라고 생각하며 도전하고 성취한다. 아이는 부모가 믿어주는 만큼 강하다. 부모들이여! 아이를 진심으로 사랑하고 믿어주자.

엄마! 계속 이래도 될까요?

배움의 허와 실

하루는 퇴근해 온 나에게 작은아들이 말했다.

"엄마! 친구들은 학원에 왜 다니는지 모르겠어요."

"왜?"

"아니 학원 수학 숙제라면서 나보고 풀어 달래요. 그래서 가르쳐 주려고 하면 그냥 풀어달라고 해요. 자기는 모르겠다고. 이거 계속 풀어줘도 될까요?"

"글쎄 배우려고 하면 괜찮은데 아예 배울 마음이 없으면 문제지. 그냥 숙제를 대신해 달라는 거잖아. 그러면 하지 말아야 하는 거 아닐까?"

"그렇겠지요. 친구들이 나를 공부시켜 주려고 하네요. 자기들 공부를. 나는 학원비도 안 내고 공부하는 거라 괜찮지만 좀 그래요."

그때 우리 대화를 듣고 있던 큰아들도 같은 말을 했다. 자기도 친구들이 학원 수학 문제를 풀어달라며 부탁한다고 했다. 자기는 문제 푸는 게 재미있어 풀어주기는 하는데 마찬가지로 친구들이 설명은 안 듣고 싶어 한다고 했다. 그러면서 비싼 돈 들여 학원가는 이유를 모르겠다며 부모들이 그 상황을 알고 있는지 궁금하다고 했다.

　나도 학교에서 학생과 이야기해 보면 우리 아이들이 겪은 것처럼 부모가 억지로 학원에 보내는 경우가 자주 있었다. 그렇게 되면 학생은 학원에 친구 만나러 가는 게 목적이 된다. 어떤 학생은 스스로 그냥 불안한 마음이 있어 학원에 가고 있었다. 부모가 학원에 보내려는 이유 중에는 부모 자신이 아이가 집에 있으면 불안하고 불편한 마음인 경우도 있었다. 그냥 눈앞에 없으면 공부하고 있겠거니 믿고 싶은 것이다. 학원이 아예 필요 없다는 말이 아니다. 나도 가끔 아이의 요구로 학원을 보내기도 했었다. 하지만 학원을 이용하며 공부하려면, 학원의 필요성에 대하여 부모와 아이가 같이 고민해야 한다. 아이에게 필요한 조건의 학원과 선생님을 찾아 선택해야 효과적이다. 내가 학급을 운영하면서 상담해 보면 성적이 아주 뛰어난 학생들은 자신의 장점, 단점을 잘 알고 있었다. 반면 대부분 학생은 자신의 학습에 대한 자신감이 약하고 무엇을 어떻게 해야 할지 잘 모르는 경우가 많았다. 그냥 생각 없이 시키는 대로 하고 있었다.

　중학교에서의 성적은 그렇게 뛰어나지 않지만, 고등학교에 진학하면 최상위권으로 발전할 가능성이 있는 학생도 있다. 이들 대부분은 스스로 학습한다. 평소 많은 책을 읽고 있어 배경지식 또한 쌓여 있다. 배경지식이 풍부하면 새롭게 배우는 지식은 더욱 폭넓고 효과적으로 받아들인다. 누구나 어릴 때는 전혀 이해되지 않았던 것이 자연스럽게 알게 되었던 경험이 있을 것이다. 살면서 여러 가지 쌓이게 되는 배경지식으로 인해 어느 순간 훨씬 쉽게 광범위한 내용을 알게 된다. 따라서 중학교까지는 진정한 학습을 위한 배경을 만들어 가는 시기라고 생각하면 좋겠다. 이 시기는 강압적으로 학습을 요구하며 성적에 과도하게 몰입하지 말자. 기본적인 학습 태도와 자신이 무엇을 왜 공부해야 하는지 스스로 찾아갈 수 있도록 도와주는 것이 필요하다.

20여 년 전 우리 학급의 반장이었던 학생이 기억난다. 항상 맨 뒷자리에서 꼿꼿한 자세로 수업 시간에 집중했다. 쉬는 시간, 특히 점심시간에는 어김없이 친구들과 축구나 농구에 몰입하던 학생이다. 학급 친구들에게 리더십을 발휘하며 좋은 방향으로 잘 이끄는 능력 또한 탁월했다. 학급에서 어려운 결정을 해야 할 때 학급 아이들은 반장이 한다면 자신들도 하겠다고 나설 정도였다. 믿고 따를 마음의 신뢰가 잘 형성되어 있었다. 항상 도덕적인 자세와 솔선수범하는 태도가 몸에 익어 있었다. 그런 태도는 친구들로부터 강한 신뢰를 받을 수 있었다. 담임으로서도 반장을 진심으로 신뢰할 수밖에 없는 인성을 가진 학생이었다. 성적 또한 아주 우수했다. 대부분 학생이 학원에 다니거나 과외를 받는 상황이었다. 그럼에도 이 친구는 혼자 학습하며 전교 1등을 했다. 나는 중학교 3학년인 이 우수한 학생이 고등학교에서도 계속 뛰어난 학생이기를 바라는 마음이 강했다. 방학을 이용하여 수학만큼은 고등학교 준비를 좀 하는 게 어떻겠냐고 권유했다. 물론 학원이나 과외에 대한 권유였다. 반장은 혼자 충분히 준비할 수 있다고 했다. 혹시 혼자 공부하다 필요하면 생각해 보겠다는 답변이 돌아왔다. 그때는 나도 두 아들이 초등학생이어서 잘 몰랐고, 워낙 학원에 다니는 학생이 많아 그렇게 권했다. 반장은 끝까지 혼자 공부했고 고등학교에서도 좋은 결과를 얻고 있었다.

그 학생이 졸업 후 3년이 되던 해 중학교 3학년 부장으로서 진학한 고등학교에 원서를 제출하러 갔다. 그의 대입 결과가 너무 궁금해 그곳 선생님께 물었다. 서울대학교 법과대학에 원서를 넣었다고 한다. 그 소식을 들은 몇 년 뒤 성장한 결과를 알고 싶어 그의 어머니께 전화를 드렸다. 현재 군법무관으로서 군대 생활을 하고 있다고 했다. 역시 혼자 힘으로 자기주도학습이 되는 학생은 끝까지 잘 성장한다는 믿음을 다시 마음에 새기게 되었다. 그의 어머니 또한 불안해하시지 않고 아이를 믿고 기다려 주시는 태도를 가지고 계신 분이었다.

34년간의 교직 생활과 두 아들을 양육한 경험을 통해 아이의 성장에 대해 자신 있게 말할 수 있다. 아이 스스로 무엇인가를 할 수 있게 힘을 키워 주라는 것이다. 학습은 그 뒤에 자연스럽게 이루어진다. 내가 말하는 학습은 꼭 학교 성적과 관련된 것만이 아니다. 자신이 하고 싶은 일을 끝까지 해내며 자기 인생을 성공적으로 살아가는 모든 분야의 학습에 관한 내용을 말한다.

나는 자료가 필요해!

학습 주체와 도구

경남과학고에 진학한 큰아들은 2학년 1학기를 보내고 2학기가 되자 대학 입시를 준비했다. 아이들은 수시 원서를 제출 후 심층 면접을 준비했다. 그 과정에서 매주 주말 서울에 있는 학원으로 가는 학생들이 제법 있었다. 인기 있는 학원은 벌써 1학기에 마감되는 상황이었다. 같은 학교에 다니는 큰아들 친구 어머니로부터 빨리 등록하라는 연락을 받았다. 큰아들은 꼭 학원에 가지 않아도 되지만 자료가 필요하다고 했다. 항상 친구들 걸 볼 수 없으니 한 번씩 올라가 필요한 자료를 가지고 오고 싶어 했다. 회당 기준으로 학원비를 책정해 큰아들은 매주 서울로 가지 않고 자료가 필요할 때만 올라갔다. 수학과 물리 과목을 수강하다 나중에는 수학만 수강했다. 심층 면접을 보기 전까지 7회 정도 수강한 게 전부였다. 이런 과정이 작은아들의 대입 준비를 하다 보니 정말 필요 없었다는 생각이 들었다. 큰아들은 그렇게 서울대 공과대학, 포항공과대학, 카이스트에 원서를 넣었고 모두 합격했다. 나는 포항공과대학을 권했었는데 큰아들은 생각이 달랐다. 평생 이공계 쪽에서 공돌이로 생활할 자신인데 대학에서는 다양한 사람을 만나 생각의 폭을 넓히고 싶다고 했다. 그래서 종합대학교인 서울대를 선택했고 최종 합격했다.

나는 학교에 근무하면서도 큰아들의 대학 입시를 어떻게 준비해야 할지 잘 몰랐다. 다행히 큰아들 친구 어머니로부터 많은 도움을 받았다. 아무것도 모르는 나에게 그분은 항상 같이 챙겨서 정보를 주셨다. 아이들을 그룹으로 과외받게 할 경우에도 내가 원하면 자리를 마련해 주셨다. 대부분 경쟁 관계에 있다고 생각해 도움을 주지 않는다고 한다. 그분은 생각이 달랐고 서로 도와주는 것을 당연하게 생각하시며 많은 도움을 주셨다. 내가 복이 많았다고 여기며 항상 감사하게 생각한다.

그렇게 한 번의 입시를 치르고 나니 작은아들은 별다른 준비하지 않았다. 작은아들은 창원 시내에 학교가 있어 학원 수강이나 과외를 훨씬 자유롭게 받을 수 있었다. 그럼에도 단 한 번도 사교육을 받지 않았다. 작은아들은 자기 혼자 힘으로 모든 걸 할 수 있다고 했다. 큰아들도 자료만 있으면 굳이 사교육 받을 필요가 없다고 말했다. 작은아들 역시 서울대 공과대학과 카이스트 그 외 네 곳의 대학에 원서를 넣었다. 결과는 1차에서 모두 합격했다. 형을 따라 서울대를 선택하고 심층 면접을 준비했다. 고등학교 기간 중 한 번도 사교육을 받지 않고 자신의 힘으로 최종 합격했다. 작은아들은 어릴 때부터 형에 대한 신뢰가 두터워 형과 같이 있는 것을 무척 좋아했다. 결국 중학교 2년, 고등학교 2년, 총 4년을 제외하고 항상 같은 공간에서 생활하게 되었다. 서울대에 합격하면서 시작한 동거는 두 아들이 박사 과정까지 함으로써 같은 방에서 10년을 생활하게 되었다. 큰아들이 박사 학위 취득 후 취업과 결혼으로 그 방을 떠나면서 작은아들과의 동거를 끝냈다.

　나의 지인들은 두 아들의 돈독한 형제애를 보면서 보기 드물다고 말한다. 아마도 내가 일하는 엄마다 보니 두 아들을 살뜰하게 챙기지 못해 생긴 일인지 모르겠다. 형을 거의 우상처럼 여기며 형 따라 자신도 해내려는 욕심으로 열심히 했다. 형이 노력을 통해 성취하는 모습을 보여줌으로써 작은아들은 자기도 할 수 있다는 믿음을 가졌고 그 영향이 크게 작용했다. 두 아들의 성향이 아주 다름으로 인해 성장 과정에서 속도 차이가 나는 걸 이해하지 못했다면 어쩔뻔했을까 생각해 본다. 우리가 비교하며 양육했다면 형제 사이는 멀어졌을 것이고 원망만 가득하게 되었을 것이다. 아이들 개개인의 특성을 이해하고 성장할 수 있도록 부모는 안내하며 기다려 줄 필요가 분명히 있다. 아이를 믿고 기다려 줄 때 아이들은 그 믿음에 대답을 줄 것이다.

죽을 만큼 해 봤어?

노력의 결과

    초등 3학년 겨울방학부터 다음 학기 수학을 같이 학습하며 작은아들에게 답답한 감정을 많이 느꼈다. 큰아들은 아는 것과 모르는 것의 구분이 명확하여 자신의 의견 전달이 분명했다. 작은아들은 어디까지 알고 있는지 파악할 수 없는 태도를 보였다. 성향이 적극적인 큰아들은 문제를 풀다 잘 모르는 부분이 나와도 풀어내겠다는 자세로 덤빈다. 하지만 작은아들은 머릿속이 백지상태로 변하며 아무것도 할 수 없어진다. 말하지 않는다고 다그치기라도 하면 더욱 생각은 멈추고 진행할 수 없었다. 아이의 성향을 파악한 후 아무리 답답해도 기다리며 아이가 스스로 생각을 열 때까지 여유를 가져야만 했다. 큰아들과 나는 수학을 대하는 학습 태도가 비슷해 재미있는 놀이가 되었으나 작은아들과의 학습은 나에게 정신을 수행하는 것 이상이었다.

    나는 두 아들에게 직접 수학을 가르치면서 성향의 차이를 확실하게 느꼈다. 큰아들은 하나만 알아도 모두 안다는 태도로 덤볐고, 작은아들은 하나만 몰라도 아는 게 하나도 없다고 생각했다. 이런 특성을 이해한 후 작은아들에게서 자신이 무엇을 알고 있는지 찾아내는 게 우선이었다. 아이가 알고 있는 내용을 어떻게 이용할지 함께 대화하며 학습했다. 작은아들은 수학이 문장형으로 제시될 때 해석하고 이해하는 방법을 터득하지 못해 문제가 생김을 알게 되었다. 그 문제를 해결하기 위해 긴 문장으로 서술된 수학 문제집을 교재로 사용하였다. 그 교재로 문장 순서에 따라 문제를 제시하고 한 단계씩 문제 해결하는 방법을 교육했다. 긴 문장을 끊어 읽게 하는 연습을 통해 이해 능력도 키웠다. 이 과정을 거치면서 아이는 긴 문장에서 무엇을 요구하는지 생각하는 힘을 키워갔다. 결국 작은아들은 수학에 흥미를 붙이며 급속도로 성장했다.

작은아들은 그렇게 학습하여 중학교에 입학했을 때 제법 수학을 잘하는 아이로 인정받았다. 이미 그때는 아이 스스로 자존감도 높아져 있었다. 하지만 창원과학고에 입학할 당시 중학교의 전 교과 내신성적이 최상위권은 아니었다. 그래도 우리는 크게 걱정하지 않았다. 이유는 학습 태도가 워낙 성실하며 꼼꼼하게 학습하는 성향이었기 때문이다. 더불어 폭넓은 독서와 다양한 체험의 힘으로 배경지식이 풍부해 잘할 것이라는 믿음이 있었다. 그보다 더 중요한 것은 자기주도학습 능력이 충분히 갖춰져 있어 걱정할 필요가 없었다. 과학고 입학 전 우리의 이런 생각을 확신하게 된 계기가 있었다. 창원과학고에서 합격생을 대상으로 입학 전 3주간 사전 교육을 진행했다. 학교 기숙사 생활을 하며 물리, 화학, 생물, 지학, 수학을 가르치고 과정을 마칠 때 배운 내용으로 시험을 치렀다. 이 시험에서 3등까지 장학금을 수여했다. 작은아들은 생각지도 못했던 3등을 하며 장학금까지 받았다. 사교육을 제대로 받지도 않았고 선행 학습이 잘 되어 있는 상태도 아니어서 깜짝 놀랐다. 아들 자신도 놀란 듯했다. 3주 동안 자신이 부족하다는 생각에 열심히 수업에 참여하며 학습했다고 한다. 그래도 이렇게 좋은 성적을 받을 줄은 생각하지 못했다며 기분 좋지만 부담스럽다고 말했다.

"왜 부담스러운데?"

"그렇잖아요. 실제로 이만큼 되는 실력이 아닌데, 이제 주변에서 기대가 클 거잖아요. 부담스럽지요."

"흠, 좀 그럴 수도 있겠네. 하지만 신경 쓰지 말고 너 생각대로 열심히 해 나가. 너는 이제껏 쌓아온 게 있으니 언제나 잘할 거야. 걱정하지 말고 그냥 너를 믿어."

그렇게 부담을 안고 과학고 생활이 시작되었다. 작은아들은 2년 동안 일취월장하는 모습을 우리에게 보여주었다. 학교가 창원 시내에 위치하다 보니 사교육을 받으려는 학생이 많다는 소리가 들렸다. 1차 고사를 치르면서 아들은 엄청나게 긴장했다. 입학 전 인정받았던 그 상황이 정말 부담스러웠던 것 같았다. 첫 고사를 치르고 난 후 수학 풀이 과정을 적는데 손이 너무 흔들려 제대로 적기가 힘들었다고 말하며 한숨을 쉬었다. 부담감 때문에 떨리는 마음이 너무 커 시험을 다 망쳤다고 한탄했다. 예상했던 대로 모든 과목이 중간 등수 정도였다. 아들은 성적 결과를 받아 들고 한마디 했다.

"에이 괜찮아요. 이제 더 떨어질 것도 없어 올라갈 일만 남았네요." 하고는 스스로 위로했다.

"걱정하지 마. 열심히 했잖아. 앞으로 너 자신을 믿고 해 나가면 다 잘될 거야." 하고 힘을 보태 주었다.

입학 후 첫 시험 때까지 두어 달 동안 12kg이 빠졌다. 밥 먹는 시간도 아까웠다고 하는 말에 마음이 무척 아팠다. 자신이 선택한 길이라 정말 열심히 했다. 그렇게 첫 시험을 치른 후 2차 고사에서는 성적이 많이 향상되었다. 대학 지원 원서를 작성할 때 2학년 1학기까지의 내신 성적이 필요했다. 1년 6개월간을 아이는 정말 치열하게 공부했다. 다른 친구들이 사교육을 받으며 공부할 때도 작은아들은 이렇게 말했다. "엄마! 걱정하지 마세요. 사교육 안 받고 혼자 해도 잘할 수 있어요. 혼자 공부해도 상위권을 유지할 수 있다는 게 제 자부심이에요."라고 하며 나를 안심시켰다. 스스로 치열하게 공부한 작은아들은 자신이 지원한 대학에 모두 1차 합격했다. 형이 있는 서울대 공과대학을 선택하고 합격함으로써 함께 생활하게 되었다. 작은아들이 대학 합격 후 내가 주변 사람들로부터 부럽다는 말을 듣는다며 말을 전했다.

"엄마 주변 사람들은 아들 둘이 모두 머리가 좋아서 공부를 잘하는 거 아니냐며 엄마한테 좋겠다고 말한다."

"엄마! 그렇게 말하는 사람들은 때려주고 싶어요. 자기들은 죽을 만큼 해보지도 않았으면서 말을 쉽게 해요."

"그렇지 네 노력의 결과인데 말이야." 하며 서로 웃었다.

큰아들은 어릴 때부터 여러 방면에서 능력이 좋다는 걸 봐왔기에 약간의 유전자 영향을 받았다고 인정한다. 하지만 작은아들은 평균 정도였거나 어떤 경우는 평균 이하의 능력을 보인다고 생각했다. 조용하지만 약간 엉뚱한 면도 있었다. 특히 학습 능력은 그냥 보통 정도여서 뒤떨어지지 않고 또래를 따라갈 정도만 되면 만족하자고 생각했다. 그런데 성장하면서 스스로 생각이 성숙해지며 노력하는 과정에서 이루어 내는 성취에 여러 번 감탄했다. 그런 이유로 작은아들에게 나는 '게으른 천재'라는 별명을 붙여주었다. 작은아들은 그렇게 자신의 가치를 만들어 갔다. 아이 옆에서 성장하는 과정을 지켜보는 우리의 즐거움은 말로 표현할 수 없었다.

나는 노력의 성과를 믿는다. 당장 그 결과가 드러나지 않더라도 어느 순간이 되면 기하급수적으로 나타난다는 것을 안다. 교사 재직 시절 학생들을 통해 심심치 않게 보고 느꼈다. 안 될 것 같아도 계속 시도 하다 보면 이루어진다. 그 순간, 그 찰나가 언제일지 모를 뿐이다. 포기하지 않고 실패의 원인을 찾아 시도하다 보면 성공하게 된다. 학생들이 자신의 실패에 힘들어할 때, 그들이 누구나 잘하고 있던 줄넘기에 비유하며 격려한 적이 가끔 있었다. 그들에게 어린 시절 첫 줄넘기를 시도하며 연속해 넘는 게 얼마나 힘들었는지 생각해 보라고 한다. 힘들어도 여러 번 시도하다 보면 어느 순간 연속으로 줄을 넘는 자기를 발견했던 순간을 상기시켜 주었다. 더 어려운 2단 뛰기 줄넘기도 마찬가지다. 연속적인 줄넘기 성공이나 2단 뛰기를 연속적으로 성공하는 시점은 아무도 모른다. 안된다고 포기하는 시점이 잘 뛰는 순간이 될지도 모름을 알아야 한다. 나는 항상 실패하는 순간에 포기하지 않는 자세가 중요하다는 걸 교육해 왔다. 포기하지 않고 시도하면 어느 순간 잘하고 있는 자신을 발견하게 될 거라고 격려해 주었다.

학습도 마찬가지로 처음 배경지식이 없을 때는 내 것으로 만들기 무척 어렵다. 계속 학습하면 아는 내용이 쌓여가고 어느 순간 학습하는 모든 게 자기 것이 된다. 다음 단계로 성장하는 그 순간까지 포기하지 않도록 격려해 주자. 인생이란 그렇게 만들어 가는 것임을 우리 아이가 인지하며 노력하게 도와주자. 부모의 모습이 아이의 모습이 된다는 것을 명심하자.

자기주도 1등 아이를 위한 부모교육 Q&A

Q1. 질문 잘하는 아이로 만들려면 어떻게 해야 하나요?

아이의 말에 귀 기울여 주시고 진지하게 반응해 주세요. 부모가 먼저 아이에게 질문을 잘 해주세요. 아이와 대화하며 자연스럽게 질문할 수 있도록 유도해 주세요. 좋은 대화의 힘은 아이가 궁금한 것을 언제든 질문하게 만들어 주어요.

Q2. 포기하지 않는 힘은 어떻게 기를 수 있을까요?

성공 경험이 많은 아이는 포기하지 않아요. 작은 것이라도 스스로 해내는 기회를 많이 제공해 주세요. 아이의 노력 과정을 인정하고 칭찬해 주세요. 부모가 조급해 하지 말고 인내심을 가지고 기다려 주세요. 부모가 먼저 목표를 위해 끈기를 가지고 노력하여 성취하는 과정을 보여주세요.

Q3. 자기주도 학습으로 자기 학습 스타일은 어떻게 찾아요?

아이 스스로 목표를 설정하고 여러 방법을 시도하게 해주세요. 자신의 성향에 맞는 학습 방법을 찾아가는 과정이 필요해요. 그 과정에서 실패하기도 하고 노력만큼 결과가 미치지 못할 수도 있어요. 이럴 때 부모가 결과만 중시하면 아이는 포기해 버려요. 격려하고 지지하며 포기하지 않도록 응원해 주세요. 믿고 기다려 주면 아이는 해낼 수 있어요.

부모와 함께 성장한
아이들의 소감

큰아들의 이야기

이것은 부모님께 드리는 마음의 글입니다.

창원에 갔을 때 어머니의 글을 접하게 되었습니다. 어머니는 저희를 위해 쓴 글이라고 하셨습니다. 어린 시절 기억이 떠오르며 미소 짓게 하는 내용을 보았습니다. "아! 이런 일이 있었구나?" 하며 새삼 기억나는 장면도 있었습니다. 하나하나 추억이 글로 정리되는 걸 봤습니다. 부모님 생각과 마음을 더 깊이 이해하게 되며 선명한 모습으로 그시절이 다가왔습니다.

돌이켜보니 저는 성격이 급하고, 자기주장이 강한 천방지축이었던 아이였습니다. 부모님께서는 참 다루기 어렵고 손이 많이 가는 자식이었을 겁니다. 그럼에도 두 분은 언제나 따뜻한 사랑과 정성으로 품어주셨습니다. 저는 호기심이 풍부해 하고 싶은 게 많았습니다. 제가 하고 싶다고 말씀드리면 늘 아낌없는 지지와 격려를 보내 주셨습니다. 덕분에 다양한 경험을 할 수 있었고, 하고 싶은 것을 스스로 찾아가게 되었습니다. 그런 믿음과 뒷받침이 있어 오늘의 제가 존재하게 되었습니다.

이제는 삶이 바빠져 예전처럼 부모님과 함께할 수 있는 시간이 부족하지만, 전화로나마 일상사를 나누려고 노력합니다. 전화 통화에서 때로는 사회적 이슈로 진지한 대화를 하며 함께 삶의 방향을 고민해 보기도 합니다. 어린 시절처럼 지금도 판단이 힘들 때 저는 부모님의 의견을 구하며 그 안에서 길을 찾고자 합니다. 그 과정에서 여전히 부모님의 지혜와 가르침에 의지하고 있음을 느낍니다. 최근 결혼하고 가정을 꾸리면서 '부모'라는 역할이 점점 가까운 현실로 다가옵니다. 이 역할을 생각하는 지금에서야 이런 질문들이 떠오르기 시작합니다.

'부모님은 나를 어떤 마음으로 키우셨을까?'
'부모님은 내가 어떤 사람이 되길 바라셨을까?'
'나는 과연 부모님만큼 잘할 수 있을까?'
'우리는 어떤 부모가 되어야 할까?'

이것은 답이 정해진 것이 아니기에 문득문득 계속 떠오릅니다. 그럴 때마다 저는 자연스레 어머니께 전화를 드리게 됩니다. 어머니는 "너희를 키우며 공부하고 실천했던 걸 글로 남겨볼게."라고 말씀하셨습니다. 저는 자식을 잘 키우고 싶다는 소망을 어머니께 끊임없이 말씀드려 왔습니다. 그 답을 이렇게 한 권의 책으로 받게 되어 감동입니다.

제가 가진 가장 큰 장점은 끈기 있게 무언가에 도전할 수 있는 용기라고 생각합니다. 그 기질이 본래 저에게 있었던 것인지, 부모님께서 찾아내 키워주신 것인지는 모르겠습니다. 하지만 부모님이 제 특성을 잘 이해하시고, 그것이 강점이 되도록 길러주셨다는 건 분명한 사실입니다.

34년간의 교직 생활을 마무리하시고 이제 어머니는 '작가'라는 새로운 역할에 도전하셨습니다. 어린 시절 우리를 늘 믿고 지지하셨던 것처럼 이제 저희가 진심으로 어머니를 응원합니다.

어머니, 아버지! 지금까지 저를 키워주시고 늘 곁에서 든든한 뿌리가 되어 주셔서 감사합니다. 앞으로 저도 두 분처럼 따뜻하고 믿음직한 부모로서의 길을 걸어가고 싶습니다.

2025. 04. 06. 큰아들

작은아들의 이야기

　어린 시절 부모님과 많은 시간을 함께 보내며 다양한 활동을 했던 것은 제겐 정말 큰 행운이었습니다. 그 시간을 통해 부모님의 교육관과 의식이 자연스럽게 전해졌습니다. 깊은 유대감과 소중한 추억들도 함께 쌓을 수 있었습니다.

　아주 어릴 적 시작한 등산은 몸이 힘들어도 많은 것을 배웠고, 잊을 수 없는 좋은 추억을 만들어 주었습니다. 산행은 건강을 위한 것이었지만, 어른들께 인사하며 예절을 배우는 활동도 되었습니다. 특히 어려운 상황에서도 참고 끝까지 해내는 끈기를 길러주었습니다. 이 경험은 제가 성장하는 데 큰 밑바탕이 되었습니다. 과학고와 대학의 입학 지원 자기소개서에서 늘 등산 이야기는 빠지지 않았습니다. 그 활동이 저를 가장 잘 설명해 주는 특별한 경험이었기 때문입니다.

　저의 성장에 또 하나의 큰 힘이 되었던 것은 어릴 적 부모님의 믿음과 격려였습니다. 공부를 비롯해 어떤 일이든 잘못해도 부모님은 결코 저를 다그치시지 않았습니다. 다만 격려하며 믿음으로 지켜봐 주셨습니다. 늘 옆에서 조급해하시지 않고, 정말 필요한 순간에 조용히 손을 내밀어 주셨습니다. 어떤 부모는 아이가 잘하고 있는지 끊임없이 확인하며 일일이 점검하려고 합니다. 물론 잘되길 바라는 마음으로 하는 행동일 것입니다. 그런 행동은 아이에게 정신적 스트레스를 주게 됩니다. 불안한 마음이 생기고 자립심을 키우지 못합니다. 저는 그런 간섭 없이 자랐습니다. 주변 친구들이 부모님의 지나친 간섭으로 힘들어하는 모습을 볼 때 '나는 참 행복하구나' 하는 생각이 들었습니다. 저도 그런 상황에 있었다면 자존감이 아주 낮아졌을 것입니다. 그리고 무슨 일이든 스스로 해냈다는 성취감도 느끼기 힘들었을 것입니다. 우리 부모님은 통제하기보다는 옆에서 큰 방향을 제시하시며 저의 선택을 믿고 기다려 주셨습니다. 제가 성장하는 데 부모님의 이런 교육관은 정말 큰 도움이 되었다는 걸 나이가 들어가며 느낍니다. 아이에게 필요한 건 앞으로 나아갈 방향을 안내하고 스스로 해보게 하는 경험입니다. 그 속에서 아이는 자기 길을 찾고 자신의 속도에 맞춰 성장해 갈 수 있습니다. 많은 부모는 아이가 자기 주도적인 사람으로 성장하기를 바랍니다. 그러면서 정작 그 역량을 키울 수 있는 경험의 기회는 빼앗는 게 아닌가 합니다.

저는 성취 경험이 많습니다. 이러한 경험이 가능했던 것은 부모님의 배려와 헌신이 뒷받침되었다고 봅니다. 어릴 때부터 다양한 운동을 아버지와 함께 해왔던 저는 지금도 운동을 함께 즐깁니다. 지금 생각해 보니 그 당시 아버지는 저보다 실력이 훨씬 뛰어나셨습니다. 하지만 제가 흥미를 잃지 않고 승부욕을 불태우며 최선을 다하도록 항상 조절해 주셨다는 걸 알게 되었습니다. 운동을 마치면 늘 '조금만 더

하면 이길 수 있었는데 아쉽다.'라고 생각했습니다. 이 덕분에 운동에 대한 흥미를 꾸준히 유지하며 '이번엔 꼭 이기고 싶다.'라는 마음으로 더 몰입할 수 있었습니다. 집을 떠나 기숙사 생활을 하던 고등학교와 대학교 시절에도 집에 돌아가면 늘 아버지와 함께 운동했습니다. 어린 시절에는 단순히 아버지를 이기고 싶다는 생각뿐이었는데, 20대가 되어 실력이 비슷해졌을 때야 비로소 깨달았습니다. 누구나 실력이 비슷한 사람끼리 운동할 때가 가장 재밌습니다. 그런데 20년 가까운 세월 동안 꾸준히 저에게 맞춰주셨다는 것은 아무리 자식이라 해도 결코 쉬운 일이 아님을 압니다. 그런 아버지의 모습을 보며 '나도 언젠가는 우리 아버지 같은 아버지가 되어야지.'라고 다짐했습니다.

부모님과 함께한 일상 속 경험들, 그 안에서 자연스럽게 배우고 느낄 수 있었던 모든 순간은 저를 성장시킨 소중한 밑거름이 되었습니다. 그리고 지금의 저를 지탱 해주는 가장 든든한 뿌리로 남아 있습니다. 이 글을 쓰던 중 부모님과 함께했던 추억이 생각나며 울컥하는 감정이 올라왔습니다. 저는 우리 부모님을 만난 것이 제 인생에서 가장 큰 행운입니다.

2025. 04. 06. 작은아들